新版

科学がつきとめた「運のいい人」

中野信子
Nobuko Nakano

サンマーク出版

新版に寄せて

なぜかわからないけど「運のいい人」ってまわりにいませんか？

特別な人には見えないのにいつもうまくいってしまう。傍《はた》から見ていると「ツイている」としか言いようがない。

そんな人を見て「あの人は『運』がいいんだ。『運』のよしあしは自分では変えられないのだから私が『運』に恵まれないのはしかたがない」とあなたは思っていませんか？　でも、果たしてそうなのでしょうか？

松下幸之助氏をご存じですか？

世界的企業であるパナソニックの前身・松下電気器具製作所を創業し「経営の神

様」と呼ばれています。財産もコネもない裸一貫から始めて小さな町工場を大企業に育て上げたことからも松下幸之助氏は日本でもっとも「運がいい人」のひとりだと言えると思います。その彼が採用試験で必ず最後に聞く質問があったそうです。

それは「君は運がいいか？」というものでした。

そして「はい。運がいいです」と答えた人のみ採用したそうです。

なぜなら、自分のことを「運がいい」と思っている人は少しぐらいの逆境でもあきらめたり、腐ったりせず、真正面から立ち向かい乗り越えてしまうからなのです。「自分は運がいいので絶対大丈夫」と自分を信じているからです。

松下幸之助氏のこの質問からわかるように「運」というものは必ずしも、その人がもともともっていたり生まれつき決まっていたりするものではなく「その人の考え方と行動パターンによって変わる」といえます。

運がいい人には共通した考え方や行動パターンがあるのです。運をよくするための振る舞いがあるのです。運はコントロールできるのです。

「運がよく」なる考え方や行動パターンがあるのなら、自分の脳にその考え方や行動を習慣づけてしまえばあなたも運がよくなるはずです。そう、あなたの脳を運を引き寄せられる脳にしてしまえばいいのです。

このような考えのもと、この本では「運をよくする」考え方や行動パターン、振る舞いを脳科学的見地からつきとめて、自分の脳を「運のいい脳」にするためのヒントを紹介していきます。

本書は単行本、および文庫本で刊行された『科学がつきとめた「運のいい人」』(サンマーク出版)の新版として再編集し手に取りやすい新書版で刊行しました。

あなたも、この本で「運のいい人」になりませんか?

中野信子

プロローグ――運のいい人ってどんな人?

車で走っているとき、信号の青が続くと「ラッキー!」と思う。

スーパーのレジに並んだとき、自分の並んだ列だけがスルスルと進むと「ちょっと運がいい」と感じる。

たまたま懸賞で豪華な商品が当たると、うれしい半面、こんなところで運を使ってしまっていいのかな、と不安にもなる。

たとえばこんなふうに、私たちはいつも心のどこかで運を意識しています。そして「運がよくなるといいな」と願っています。


では、どうしたら運はよくなるのでしょうか。

どういう人が運を味方にすることができるのでしょうか。

これにできるだけ科学的にアプローチしたのがこの本です。

私は、東京大学大学院医学系研究科脳神経医学専攻を経て、２０１０年まではフランスのサクレー研究所で、現在はフリーの立場で脳の研究を続けています。

運というのは一見非科学的なものなので、科学者が運を扱うのは少し不思議な感じがするかもしれません。しかし一見非科学的に思えるものも、つぶさに見つめ、考え、科学が歩み寄っていくと、案外そこに科学的なものが潜んでいる場合があります。

運がいい人はよく言います。

「運がいい！　ツイてる！　と声に出して言うといい」

「夢や目標・欲しいモノは、紙に書いて貼っておくと実現する」

「他人に感謝をしなさい」

などと。

これらはたいてい経験に基づくもので、科学的な根拠が示される場合はほとんどありません。それでもたしかに彼らの運はいい。
これはなぜなのでしょうか――。

ところで、あなたが考える運のいい人とはどんな人でしょう。

経済的に豊かな人。

自分の好きな仕事をしている人。

健康で長生きできる人。

愛する人と共に生きられる人。

自由に生きている人。

人によってそのとらえ方はさまざまだと思いますが、科学的な観点から考えると「生き残ること」がひとつのキーワードといえます。

生物学に「適者生存」という概念があります。**適者生存はチャールズ・ダーウィンが進化論を築き上げる過程に影響を受けたとされる考え方で、「生物は環境にもっと**

も適した者が生き残る」というもの。

有名なたとえは「キリンの首」ですね。

キリンの首はなぜ長いのか。

適者生存で考えると、首が長くなったほうが遠くまで見渡せて外敵から身を守れるし、高い木の葉っぱを食べやすくなるから。キリンをとりまく環境がキリンの首を長くしたのだ、と考えます。

これとは対照的なのが「運者生存」の概念です。**運者生存とは、進化論の中立説で知られる考え方。文字どおり「運のいい者が生き残る」というものです。**運者生存で考えると、運よく生き残ったキリンの首がたまたま長かったのだ、となる。

キリンの首が長くなった正確な理由はまだ解明されていませんが（適者生存の考えでいくと、キリンの首が現在の長さになるまでには、徐々に長くなったはずですが、途中の長さの化石が見つかっていないのです）、キリンの首に限っていえば、適者生存のほうが説得力をもっているように感じるかもしれません。

しかし、この場合はどうでしょうか。

魚のマンボウは一度に約2億7000万個の卵を産み、このうち親になるまで成長できるのは1~2匹といわれています。

適者生存で考えると「生き残った1匹はほかの2億6999万9999個の卵より環境に適していたのだ」となり、運者生存で考えると「生き残った1匹はほかの2億6999万9999個の卵より運がよかったのだ」となる。

この場合、無数の卵のうちのたった1匹（もしくは2匹）だけに、遺伝的な適合性があったと考えるのは奇妙で、非常に不自然です。この1匹が生き残ったのは、まさに、運がよかったから、にほかならないのです。

長い長い時間や、種全体の存続、といったマクロ的な視点からみると、やはり適者生存説は現象をうまく説明しています。しかし、人間の一生くらいの短い時間や、比較的少ない個体数といった集団の規模での現象を観察すると、運者生存が当てはまるケースが少なくありません。

さて、この運者生存、要は「運がいい人とは生き残れる人なのだ」というと、結局自分には、何もできることはないのかと、呆然《ぼうぜん》としてしまう人もいるかもしれません。

マンボウの卵なら、たまたま運よく外敵に遭遇しなかった、たまたま遭遇した外敵から身を守れた、たまたまエサに困らなかったなど、無数の運が味方したたった1匹が生き残る。そこには、運というのは「ただ身をゆだねるしかないもの」といった響きがあります。卵一つひとつには、もともともっている運が決まっていて、その運がもっともよかったものが生き残る。その運に、卵は主体的にかかわれないかのように思えるかもしれません。

もし人間もそうなのだとしたら、運というのは、ただ身をゆだねるしかないものなのではないか、努力して何とかなるものではないのではないか、何の手の打ちようもないのではないか、などと思うかもしれません。

しかし、私はそう思わないのです。

運・不運というのは、だれの身にも公平に起きていて、その運をどう生かすかに少なくとも人は主体的にかかわっていける、というのが私の考えです。

まず、運・不運がだれの身にも公平に起きている、ということを考えてみましょう。

数学の理論に、ランダムウォークモデルと呼ばれるものがあります。

たとえばコインを投げたときに、表が出たらプラス1進み、裏が出たらマイナス1進む、と決めておきます。実際にコインを1万回投げ、その結果を座標軸に落とし込む、ということをします。すると、結果が完全にゼロのところに落ち着く、ということは実はほとんど起きない。およそプラスのほうに200～300、マイナスのほうに200～300くらいの結果になることが多いのです。また、1万回すべてがプラス、あるいはマイナスということもめったに起きません。

運もこれと同じようなものです。自分の過去は不運続きだった、あるいは幸運続きだった、と感じている人もいると思いますが、それはこのランダムウォークモデルがひとつの要因になっているでしょう。人の一生にはおおよそ半々の運・不運があるように考える人も多いかもしれませんが、ランダムウォークを仮定すると、**人生という限られた期間における目の出方はある程度はどちらかに偏ってしまいます。しかし、圧倒的にマイナスだとか、圧倒的にプラスだという人も、存在しないといってもいいくらい、めったにいるものではありません。**

さらに、脳科学的にみると、マイナスがしばらく続くと不運、プラスが続けば幸運、ととらえてしまう特性が人間にはあります。

私たちの脳には、実際にはランダムなのに、たとえばプラスが5回続いて出ただけで、プラスの連続が多すぎるように感じられる。連続する事象はもっと長く続くこともあります。脳はプラスやマイナスの連続が、偶然によって生じたにすぎない、ということをなかなか受け入れることができないのです。気をつけて冷静に見直してみても、やっぱり偏っているようにみえてしまう。こうした誤りのことを、「錯誤」といいます。

みなさんは「錯覚」をご存じでしょう。たとえば、こんなものがあります。何本かの平行な横線を描き、その上下に、黒・白の正方形を、上下ズラすように描く。すると、最初に描いた、平行なはずの線分が、めちゃくちゃにゆがんで見えるのです。どんなに気をつけて冷静に見直してみても、やっぱりそのように見えてしまう。

ミュンスターバーグ錯視

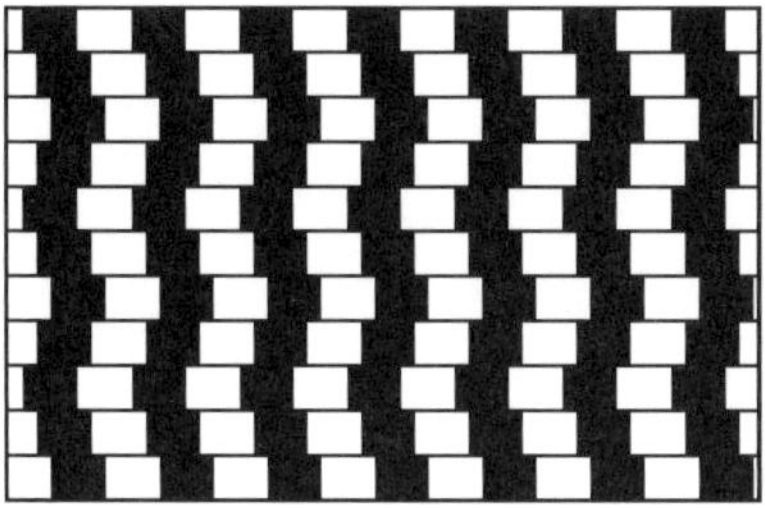

これは、ミュンスターバーグ錯視と呼ばれる有名な錯覚ですが、このような、錯視と同様のメカニズムが、人生に起こってくる事件を観察していくうえでも、つい働いてしまうのです。つまり、運がいい、悪い、というのは、脳がそうとらえているだけで、冷徹に現象面だけを分析すれば、まったくの錯覚にすぎない、ということになります。

「そんなことをいっても、やっぱり運のいい人というのはいるし、自分もそうなりたいんですけど」とおっしゃる方は多いでしょう。だからこそ、この本を手に取ってくださったのだと思います。

実はここに、もう一段階、脳科学が絡んできます。「運がいい・悪い」の秘密は、そこに隠されているのです。その秘密を、この本の中で、徐々に明らかにしていきます。

さて、ここからは、現象の話を離れ、脳がとらえる「運がいい・悪い」の話に切り替えていきましょう。

まず、忘れてはならないポイントが、実は私たちの身の回りには「見えない」運・不運が無数にある、という点です。

たとえば、あなたがいつも通勤に使っている道に、100万円が入った封筒が落ちていたとしましょう。そんな日に限って、あなたは「今朝は早起きしたからひと駅分歩いていこう」と考えていつもとは違う道を通ったとします。

もしあなたがいつもの道を通っていたら、100万円が入った封筒を拾ったかもしれません。交番に届けたところに持ち主が現れず、1割をいただくことができたかもしれない。

いつもと違う道を行ってしまったためにあなたは運を逃しますが、あなたにその自覚はないのです。

あるいは、仮にいつもの道を通っていたら、会いたくない人に会ってしまった、石につまずいて転んでしまったなどの不運な目にあっていたかもしれない。しかし、いつもと違う道を行ったあなたに、不運を逃れたという自覚はありません。

私たちはつい、目に見える運・不運だけに注目し、「運がいい」「運が悪い」と言ってしまいがちです。けれど、その向こう側には何倍、何十倍もの自覚できない、検証できない運・不運があり、それらを含めれば、実はだれにでも公平に運は降り注いでいるのです。

それではなぜ、運のいい人と悪い人に分かれるようにみえるのでしょうか。

ごく大ざっぱにいうと、運がいい人というのは、だれにでも公平に降り注ぐ運をより多くキャッチできる人、また、より多くの不運を防げる人、あるいは不運を幸運に変えられる人でしょう。

運が悪い人というのはこの逆で、運を逃しやすく、不運をつかんでしまう人、あるいは不運を幸運に変えられない人、といえます。

また、運がいい人といわれる人たちをよく観察すると、共通の行動パターン、物事のとらえ方、考え方などがみえてきます。

つまり、運がいい人というのは「単に運に恵まれている」というわけではなく、運をつかみ、同時に不運を防ぐような行動、物事のとらえ方、考え方をしているのです（運の悪い人は、これとは逆の行動パターンや考え方をもっています）。

そしてその行動パターンや考え方が、なぜ運をつかみ、不運を防ぐことにつながるのか。そこを探っていくと、科学的説明がつく行動パターンや考え方が意外に多く出てきました。

「運がいい、ツイてる」と声に出して言うといいことも、夢や目標・欲しいモノは紙に書いて貼っておくと実現することも、他人に感謝をするといいことも、その理由を科学的に説明することができるのです。

そこで、この本では、これらをはじめ、今日からでもできる、運をよくするための行動や考え方を脳科学の知見をもとに解説していきます。

なかには、これまでにどこかで聞いたことのある行動や考え方もあるでしょう。本書では、これらを経験ではなく科学的根拠に基づいて解説することで、より説得力のあるものにできたのではないか、またみなさんにやる気を奮い起こしていただけるものにできたのではないか、と自負しています。

ところで、アメリカ・フロリダ大学のチームの研究によると「しあわせな人はお金を稼ぐチャンスに恵まれる傾向にある」という結果が報告されています。

私たちはお金に困らない人を見ると、「お金があってしあわせな人だな」と思いがちですが、実際は「しあわせだからお金に恵まれている」かもしれないのです。

これは、運がいい人たちの行動パターンや考え方と運との関係にも似たところがあります。

運がいいといわれる人たちの行動パターンや考え方をつぶさに観察していくと、それは結局、よりよく生きることにつながっています。

たとえば、運がいいといわれる人たちは、みな、いろいろな意味で自分を大事にしています。常識や世間一般の平均的な考え方に流されることなく自分の価値観を大切にして、自分をていねいに扱っています。

また、他者を思いやる気持ちも人一倍もっています。どんなときもひとり勝ちしようとせず、他者のために、そして他者と共に生きることをめざしています。

総じていうなら、よりよく生きている――。

逆にいえば、よりよく生きているからこそ、運も彼らの味方をするのでしょう。

さて、本書では、運をよくするための具体的な行動や考え方を、科学的根拠を添えて紹介していきます。たとえば「世界の中心に自分をすえる」「『自分は運がいい』と決め込む」「他人と『共に生きること』をめざす」などです。これらを実行することはよりよく生きることにつながるでしょう。

いつもの行動や考え方を少し変えたからといって、急展開で運がよくなることはないかもしれません。

しかし、毎日、少しずつ、運をよくするための行動や考えを積み重ねれば、今日よりはちょっといい明日が、明日よりはちょっといい明後日がきっとやってくる。そしていつか、気づくと生き方が変わっている、同時に運が味方をしてくれるようになる。

そう、私は確信しています。

新版　科学がつきとめた「運のいい人」――目次

第2章 運のいい人は「自分は運がいい」と決め込む

第3章 運のいい人は他人と「共に生きること」をめざす

第4章 運のいい人は目標や夢を「自分なりのしあわせのものさし」で決める

第5章 運のいい人は祈る

装　　丁　井上新八
編集協力　山田由佳
校　　正　株式会社ぷれす
ＤＴＰ　山中　央

第1章

運のいい人は世界の中心に自分をすえる

運のいい人はいまの自分を生かす

運のいい人になりたいと願うとき、あなたはつい、自分を変える努力をしようとしませんか。

たとえば経済的に恵まれている人を運のいい人と考えている人は、経済的に恵まれる自分に変わる努力をしようとする。健康で長生きできる人を運のいい人と考えている人は、健康でいる努力をしようとする。私たちはつい、自分が考える運のいい人になるべく、勉強をしたり、環境を変えたりするなどして、いまの自分を変える努力をしてしまいがちです。

しかしそのやり方はちょっと違うのではないでしょうか。**「運のいい人になるために自分を変える努力は、一見、運のいい人に向かっているようで、実はものすごく遠回りをしている。もっといえば、運のいい人からどんどん離れていっているのではな**

いか」と私は思うのです。

というのは、脳には人それぞれに特徴があり、それがその人の個性をつくり上げている部分が少なくないからです。

たとえば、私たちの脳にはセロトニン、ドーパミン、ノルアドレナリンなどの神経伝達物質が存在しますが、この量には個人差があります。

これらは、私たちの情動に働きかけ、気持ちを動かす物質です。セロトニンは、脳の過剰な覚醒や活動を抑える働きがあり、安心感、安定感、落ち着きをもたらしてくれます。ドーパミンは「やる気」のもととなり、私たちが何か行動を起こす際のモチベーションを高めるなどの働きがあります。ノルアドレナリンは、集中力を高めてくれるなどします。

いずれも人が健康に生きていくうえで欠かせない物質ですが、増えすぎると脳と体に悪影響を与えます。そのため、神経細胞にはセロトニン、ドーパミン、ノルアドレナリンを分解し、全体量を調整するモノアミン酸化酵素という物質があります。この酵素の、分解の度合いには遺伝的な個人差があり、これが脳のひとつの個性を生み出すのです。

この分解の度合いが低いタイプの女性の脳は、幸福を感じやすい脳といわれ、生まれつき幸福感が高いとされています。なかでもとくに低いタイプの人は、幸福感が高いと同時に、援助交際のような反社会的行動をとりやすいともいわれています。

幸福感が高いのに反社会的行動を起こしやすいというのは、一見矛盾しているように感じるかもしれません。モノアミン酸化酵素の分解の度合いが低いということは、セロトニンの分泌量が多いということ。セロトニンが多いと安心感、安定感を抱けるため、その反対である不安感がないのです。不安感は先を見通す力、将来を考える力があるからこそ芽生えます。

逆にいうと、先のことを考えていないからこそ不安感ももたない。つまり、セロトニンの分泌量が多すぎると、先のことを考えないから、「いまがよければいい」といったような反社会的行動をとりやすくなるのです。

また男性の場合は、モノアミン酸化酵素の分解の度合いが低いと攻撃的なタイプになるといわれています。

たとえばこのように、私たちの脳は、自分では如何《いかん》ともしがたい生まれつきの個性をもっているのです。

この個性は、「私は先のことをあまり考えないタイプだ。だからあえて一日一回は真剣に考えるようにしよう」などと、自分の脳の特徴を自覚することで、その特性の発揮をある程度抑えることはできます。しかし脳の個性をガラリと変えることはできません。

つまり、私たちは「運のいい人になりたい」と願って自分を変える努力をしがちですが、そもそも自分を変えるというのは至難の業で、そうたやすくできることではないのです。

そこで、少し視点を変えて「いまの自分を最大限に生かす」ことを考えてみましょう。いまの自分を変えようとするのではなく、いまの自分を生かすのです。

たとえば幸福感が高く、反社会的な行動をとりがちなタイプの人は、裏返せば「怖いもの知らず」といえます。怖いもの知らずの性格は、営業や大きな金融取引などの仕事に生かせるかもしれません。あるいは、不安感を抱きがちな人に前向きな言葉をかけてあげることもできるでしょう。

攻撃的なタイプの人は、弁護士など舌戦を必要とする職業で実力を発揮するかもしれないし、組織の中では渉外などの立場で活躍できる可能性があります。

このように、自分がもっているプラスの要素はもちろん、一見マイナスに思える要素も自分の資質として生かす方法を探るのです。自分に与えられたものはすべて自分の資質としてコントロールする努力をするのです。

たとえいまの自分の状況が世の中の基準から考えるとちょっとズレている、という場合でも、自分が心地よいと思う状況なら、その状況を生かすことを考えましょう。たとえば学校や会社に行けない人なら、無理に行こうとするのではなく、学校や会社に行かないがゆえにできることを考えてみるのです。

自分を世間の標準に合わせる必要はありません。いちばん大事なのは自分です。その自分を最大限に生かすのです。

私は、これが運のいい人になるための絶対条件だと思っています。

いまの自分、自分の体、自分の考え、自分の価値観、自分の直感など、とにかく自分のありとあらゆるものを生かすのです。

まずは、いまの自分を生かすことを考えてみましょう。

いまの自分を最大限に生かすというのは、次に述べる「自分を大切に扱う」ということでもあります。新しい何かを身につけたり、得たりしようとするのではなく、すでに自分に与えられているものを生かしきるのです。

これが運のいい人になるための近道のひとつです。

運のいい人は自分を大切に扱う

自分を大切に扱う——。

これもいまの自分を生かすことの延長ですが、運のいい人はみな、きっと実践しているはずです。

たとえば、朝はいた靴下に小さな穴が空いていることに気づいたとします。こんなとき、運がいい人というのは「今日は外で靴を脱がないからこのままはいていってしまおう」などとは考えません。ちゃんと靴下をはき替えるのです。

あるいはひとりで食事をするとき。運がいい人は、安易にコンビニエンスストアのお弁当ですませようとはしません。心のこもった料理を出してくれるレストランに足を運ぶ、または簡単なものでも自分でつくるのです。

つまり、自分を粗末にせず、自分を大切に扱う。

他人を敬うのと同じように、自分自身を敬うのです。

以前、ナディーヌ・ロスチャイルドの著書『ロスチャイルド家の上流マナーブック』という本を読んだとき、「ああ、やっぱり!」と感じたことがありました。

ご存じの方も多いかもしれませんが、ナディーヌ・ロスチャイルドは、もともとはフランス・パリの小劇場の女優でした。彼女は貧しい家庭に生まれ育ち、中学卒業と同時に家を飛び出し、印刷所や町工場などで必死に働きます。やがて小劇場の女優となるのですが、大人気スターというわけでもなく、だれもが一目置く美人というわけでもありませんでした。

そんな彼女が、あるときロスチャイルド家の中心人物のひとりであり、世界の大富豪のひとりでもあるエドモン・ロスチャイルド男爵と出会い、結婚。美と贅沢《ぜいたく》の世界を手に入れるのです。

その世界は、彼女が幼いころから夢見ていた以上のものでした。

彼女は運を味方にした女性、といえるでしょう。

その彼女が著書で述べていたのが、「あなたがまず心を配るべきなのは、自分自身です」という言葉でした。

彼女は「もしあなたがひとり暮らしなら、部屋は常にきれいに片づけるべきです。ひとりでお茶を飲むとしても、ふちの欠けたカップなどではなく、いちばん上等なカップを使ってください。家でひとりで夕食をとるなら、帰りにお花とおいしいデザートを自分に買ってあげましょう」とも言います。

つまり、自分で自分を好きになれるよう、自分自身に心を配る。自分で自分をかまうべきだ、と言うのです。

このくだりを読んだとき、「ああ、やっぱり運がいい人は、自分を大切に扱っているのだ！」と感じたものでした。

ではなぜ、自分を大切に扱うことが運のよさにつながるのでしょうか。

その人の運のよしあしは、周囲の人といかに良好な人間関係を築けるかということに大きく左右されますが、自分を大切にしている人はほかの人からも大切にされるのです。逆に、自分を粗末に扱っている人は、他人からも粗末に扱われるようになってしまうのです。

たとえば、あなたの目の前に2台の車があるとしましょう。1台はピカピカに磨かれた車で、もう1台は汚れていて車体に叩《たた》かれた跡がある状態です。

もしあなたが「この2台の車のうち、どちらかを棒で思いきり叩いてください」と言われたら、あなたはどちらの車を叩くでしょうか。

おそらく多くの人が、汚れている車を選ぶと思います。

これは心理学の「割れ窓理論」（軽微な犯罪がやがて凶悪な犯罪を生み出すという理論）でもいわれていることですが、人にはある特定の秩序の乱れがあると、それに同調してしまうところがあります。

たとえばゴミひとつ落ちていないきれいな道にポイ捨てするのは気が引けますが、ゴミがたくさん落ちている道の脇なら「1個ぐらいなら捨ててもまあいいか」という気になる。すでに秩序が乱れている場所があると、さらに秩序を乱すことへの心理的抵抗が少なくなるのです。

実は、これと同じことが、人に対しても起こるのです。

自分を大切にしている人を粗末に扱うのは抵抗があります。しかし自分で自分を粗末に扱っている人には、こちらも同じように粗末に扱ってもいいような気がしてくる。身なりのきちんとした人には思わず敬語を使いたくなりますが、身なりにあまりに無頓着な人にはその気はなかなか起こりません。

つまり、ほかの人から大切に扱われるようにするには、そして、周囲の人と良好な人間関係を築くためには、まずは自分で自分を大切にする必要があるのです。

ナディーヌ・ロスチャイルドの言葉を借りれば、「自分で自分を好きになれるように、自分に心を配る」のです。

運のいい人は自分なりの「しあわせのものさし」をもつ

運のいい人は、必ず、自分なりの「しあわせのものさし」をもっています。

自分なりの「しあわせのものさし」をもつとは、どういう状態が自分は心地よいかを知っておくこと。どういう状態に、自分はしあわせを感じるかを把握しておくことです。

たとえばカフェでくつろぎながら読書をする時間が何よりもしあわせ、という人もいるでしょう。部屋がスッキリ片づいている状態が心地よいという人もいれば、愛犬と共に過ごす時間が好き、スポーツをやっているときが何より楽しいなど、「しあわせのものさし」は人によって千差万別です。なかには仕事や勉強をしているときがいちばん楽しいという人もいるかもしれません。

運を自分のものにするには、この自分なりの「しあわせのものさし」をもっておくことが大事なのです。

このとき気をつけるべきなのは、他人の尺度でなく自分の尺度でしあわせ感を測ること。

一般的な価値観や他人の意見に惑わされず、自分の価値観で自分なりのしあわせを把握することが重要です。

たとえば前述したナディーヌ・ロスチャイルドは、「ひとりでお茶を飲むときにも、ふちの欠けたカップではなく、いちばん上等なカップを使うべきだ」と言います。しかし仮に、ふちの欠けたカップが大事な人からの贈り物で、長年愛用してきたものであるなら、そのカップを使ったお茶の時間は心地よいひとときになるでしょう。そんなカップならずっと使いつづけてもいいのです。

とはいっても、「仮にそうだとしても、私ならふちの欠けたカップは使いません」とナディーヌ・ロスチャイルドならきっぱり言うかもしれません。

つまり、ふちの欠けたカップを使うかどうかはその人次第。大事なのは、自分が心の底からどう感じるか、自分の脳がどう反応するかをきちんと見極めて、それに従って行動することです。

他人の尺度でなく、自分の尺度で行動する。他人がどう思うかではなく、自分が心の底から「心地よい」「気持ちよい」と思える行動をするのです。

運のいい人というのはさらに、自分のものさしで測った自分が心地よい、気持ちよいと思える状態を積極的につくり出す努力をします。

ではなぜこのことが、運に結びつくのでしょうか。

実は、「しあわせのものさし」にも人を呼び寄せる力があるのです。

人間の脳の中には、「快感」を生む報酬系という回路があります。これは、脳の中で比較的奥のほうにある回路で、外側視床下部、視床、内側前脳束、腹側中脳、尾状核といった、快感を生み出すのにかかわる部分の総称です。この部分が刺激されると人は快感を覚えます。食欲や性欲など本能的な欲求だけでなく、人助けなど社会的な行動も含め「自分が気持ちよい行動」をとると活動する部分です。

自分が心地よい、気持ちよいと思える状態を積極的につくり出している人は、常にこの報酬系を刺激していることになります。自分の報酬系を上手に操れる人は、自分のいまある状態にとても満足できる人である、ということもいえるでしょう。

人がもっともしあわせを感じるのは、自分が心地よいと思える状態に心底ひたっているとき、といえます。「もっとああしたい」「もっとこうなったらいいのに」という欲を忘れ、「ああ、気分がいいな」「気持ちがいいな」としか感じない瞬間です。その瞬間には、「ああ、もう何もいらないな」とさえ思えます。

つまり、常に快の状態をつくり出す努力をしている人（報酬系を刺激している人）というのは、心理学でいう自己一致の状態になるのです。

自己一致の状態とは、こうなったらいい、こうあるべきと考えている理想の自分と実際の自分が一致していること、あるがままの自分を自分で受け入れていること、も

っと簡単にいえば、自分で自分のことが好きな状態です。もっと頭がよければいいのに、もっと仕事がうまくできればいいのに、もっとスタイルがよければいいのに、などといった欲をもっていない、私はいまのままの私でいいんだ、と自分で認めている状態です。

この自己一致の状態にある人は、人をひきつける力があります。

「もっとこうしたい」「もっとああしたい」といった、ある意味攻めの姿勢がまったくないので、一緒にいる人はとても楽なのです。また、常に快の状態でいるので、一緒にいる人も快くなってくる。

さらに、自己一致の状態にある人は、人の話を素直に聞けるという特徴もあります。話している側の心が多少波立っても、それを吸収してしまう余裕ももっています。

こういう人が他人に好かれないわけはありません。

つまり、運がいい人というのは、自分なりの「しあわせのものさし」をもっている

⇩そのしあわせの状態を積極的につくり出す努力をしている⇩自己一致の状態（自

分を好きな状態）になる⇩人に好かれる、という図式が成り立ちます。

運のいい人は常識よりも自分を上に置く

まじめで、人を疑うことを知らなくて、人の話を素直に聞けて、責任感が強い人。もしこんな人が近くにいたら、一見、素敵に思えるかもしれません。しかし実は、このような人は、運の悪い人の要素を兼ね備えている、ともいえるのです。

世の中には、給与や勤務時間などの労働条件が労働法に違反している「ブラック企業」と呼ばれる会社があります。

あるブラック企業の社長が社員を採用するときの記事を読んだことがありました。それによると、この社長が採用するのは、いつも「使い勝手のいい人材」。彼が考える使い勝手のいい人材の特徴の一部が、「まじめ、人を疑うことを知らない、人の話を素直に聞ける、責任感が強い」だったのです。

普通なら、こんな人は理想的ないい人のように思えるでしょう。

でも私は、この記事を読んだとき、たしかにこういうタイプの人はブラック企業に利用され尽くしてしまうだろうな、と感じました。

ではなぜ、常識的に考えればよしとされる「まじめ、人を疑うことを知らない、人の話を素直に聞ける、責任感が強いこと」が運の悪い人の要素となってしまうのでしょうか。

まじめということは、ある意味、社会規範に自分を合わせることです。人を疑うことを知らない、人の話を素直に聞けるというのは、ある意味「自分」をもっていない、ということ。つまり、自分を大切にしていないのです。

社会のルールに自分を合わせがちな、「自分」をもたない人が責任感を発揮するとどうなるか。

自分が入社した企業はどこかおかしい、居心地が悪いと気づいても、なかなか辞められないのです。ほかの社員は一生懸命がんばっているのに、自分だけ辞めるのは申し訳ない、責任を全うできない、などと考えてしまう。責任感の使いどころを間違えてしまうのです。

常識ではよしとされていることも、使い方を間違えればマイナスの方向に働きます。

では、私たちは常識をどのように扱えばいいのでしょうか。

それには、社会のルールや常識をいつも絶対正しいと思わずに、相対的なものととらえる心がけが必要でしょう。もちろん、社会のルールや常識を守らなければならない場面は多々あります。しかし場合によっては、人の話を聞かずに状況に応じて行動したほうが、自分のためやまわりのためになることがあることを忘れないでほしいのです。

このとき大切なのは、社会のルールや常識を自分より上のものとみなさないこと。いちばん大切にするべきなのは自分なのだ、と考えることです。

ところで、社会のルールや常識を鵜呑《うの》みにしがちな人は、新奇探索性が弱い可能性があります。

人には、いつもの日常には飽き足らないで、新しいことを知りたいと思う、新しいことを知る喜びを感じる性質があり、これを新奇探索性と呼びます。この新奇探索性は遺伝的に決まっていて、生まれつき強い人、弱い人、その中間の人に分かれる傾向があります。

たとえばコンビニエンスストアで飲み物を買うとき、新しい味の商品に手を伸ばしたくなる人は新奇探索性が比較的強い人、いつも決まったウーロン茶という人は新奇探索性が比較的弱い人、といえるでしょう。また新しい電子機器や新しい機種の携帯電話が出るとすぐに飛びつくのは新奇探索性が強い人、新しい機種になかなか手が出ないのは新奇探索性が弱い人といえます。

新奇探索性が弱い人は、一度正しいと信じた社会のルールや常識を守りつづける傾向があります。自分を大切に思うより、社会のルールや常識を優先しがちです。

自分がもともともっている新奇探索性の度合いは修正することはできませんが、自分の度合いを自覚することである程度強弱を変えることは可能です。たとえばペットボトルの飲み物を買うとき、いつも同じ味を決まったように買う傾向にあれば、「自分は新奇探索性が弱い」と自覚する。これによって「じゃあ、あえて今度ペットボトルの飲み物を買うときは新しい味に挑戦してみよう」「社会的規範や常識を鵜呑みにしがちだから、気をつけよう」などと、行動を変えていくことはできるのです。

あなたの新奇探索性の傾向はどうでしょうか。

もし弱いと感じたら、社会のルールや常識を自分より大切にしていないかをチェックしてみてください。

運のいい人はいい加減に生きる

いい加減に生きる――。

意外だと思われるでしょうか？

実は、これもまた、自分を大切にした生き方なのです。

いい加減の反対は「まじめ」だといえるでしょう。前項でもまじめさの弊害については一部述べましたが、ここではもう少し詳しく、いい加減のよさを考えていきたいと思います。

以前、インターネットで東京都内を走る山手線の運行動画を見たことがあります。その映像は、撮影者が山手線の先頭車両に乗り込み、新宿駅と渋谷駅間の、運転席から見える風景を撮影したものでした。撮影者は、新宿駅の出発時刻が異なる4本の列車で撮影。インターネットでは、4つの画面が同時に再生できるようになっていて、4本の列車の運行スピードがどれくらい違うのかが、風景の流れでわかるようになっています。

これを見て驚きました。4本の列車の映像にはほとんどスピードの違いがなく、差があっても数秒以内なのです。たとえば列車が代々木駅のホームに入るタイミングは、

2本の列車がほぼ同時で、ほかの2本の列車も数秒遅れて入り込む、というぐあいなのです。

さらにこの撮影者は、数日間山手線に乗り込み、一周しているのですが、その運行時間がもっとも速いときで60分10秒、もっとも遅いときで60分25秒と、その差はたったの15秒、ということも記されていました。

私はこのサイトをフランスの研究所仲間と一緒に見たのですが、フランス人の彼はこのサイトを見たときに、「クレイジー……」と言ってため息をついていました。

それもそのはず。私がフランスの研究所で働いていたときには、毎日電車通勤をしていましたが、フランスの鉄道は日本の基準からいえば、かなりいい加減な運行をしているのです。ストライキの頻度は信じられないくらい多いし、理由がはっきりしない運休も突然あるし、止まるはずの駅に止まらないこともしばしばです。ユーザーとしてはとても不便です。でも、それがフランスらしさである、ともいえます。電車が止まったおかげで、突然ふってわいたご褒美のような休日を楽しみ、その一日を自分を豊かにするために過ごすことができると思えば、ストライキもなかなかいいものでしょう。

日本の列車とフランスの列車は実に対照的です。日本の列車が「正確」（あるいは、まじめ）なら、フランスの列車は（フランスの方には申し訳ないですが）「いい加減」といえます。

ところで、この対照的な列車を人間の生き方に置き換えるなら、フランスの列車的生き方のほうが自分を大切にする生き方だ、と私は考えています。

たとえば会社の残業を例にして考えてみましょう。

いつも残業をしてコツコツ働きつづけている人は、ある意味まじめな人、といえるでしょう。

一方、いい加減な人は、自分の仕事が終わるとまわりを気にせずに、さっさと帰って彼女と飲みに行くなどしてしまう。

会社という枠の中では、まじめな人のほうが好かれる場合が多いでしょう。

しかし、社員という枠を超えたところでみるとどうでしょうか。

まじめな人の中には、「上司や同僚が残っているから自分だけ帰るのは悪い」という理由だけで残業を続ける人もいるのです。こういう人は一見「まじめな人」ですが、実は、まわりの価値観に縛られている人にすぎません。会社によってはいまだに長く働いている社員のほうが優秀という考え方があります。そんな会社の価値観にとらわれて、自分の価値観を見失っている。自分で自分を殺してしまっているのです。

実は、自分で自分を「殺し」てしまっている人は、他人からも「殺され」てしまうことが多いのです。前述したブラック企業などで無意味にこき使われてしまうのは、それが根本の原因です。

一方、いい加減な人は、会社の価値観とズレている部分もあるかもしれませんが、自分の価値観で行動しています。自分のやりたいこともっています。自分で自分を「殺し」ていないから、他人からも「殺され」ないのです。

また、フランスの列車的生き方のほうが柔軟性に富む、というプラス面もあります。たしかにフランスの列車は不便な部分も多々ありますが、いい加減ゆえの便利さもあるのです。たとえば列車のドアが閉まりかけたときでも、「すみません！　開けてください！」と言うと運転手が開けてくれるなどします。走ってくる乗客を待ってから出発する場面にも何度もあいました。

さらに、柔軟性があると、不測の事態に速やかに対応できます。考えが硬直していないので、不測の事態にどう対処するか、その発想が豊かになるのです。

また、いい加減な人は他人のいい加減さも許せます。他人の間違いにも「まあ、いいか」と寛容になれるのです。

もちろん、私はまじめさを否定するつもりはありません。人が他者と共に生きていくうえで、まじめさは必要かつ重要な要素でしょう。

ただ、まじめさを隠れ蓑《みの》にして、自分をないがしろにしていないか、自分の価値観を見失っていないか、世間の価値観に縛られていないか、自分が本当にやりたいことを忘れていないかなどと、ときどき自問自答してみることが大事だと思っています。

運のいい人は自分の好みを大事にする

好きな食べ物、好きな色、好きな動物、好きな異性のタイプなど、人にはそれぞれ「好み」があります。

その好みには、明確な理由がない場合がほとんどです。なぜその食べ物が好きなのか、なぜその色が好きなのかと聞かれても、具体的な理由をあげるのはむずかしい。とくに根拠はないけれど何となく好き、という場合が多いのではないでしょうか。

私は、このうまく説明はつかないけれどもたしかにある自分の「好み」は大事にしたほうがいい、と考えています。

というのは、それが個体が生き残っていくための正しい選択につながっている場合もあるからです。

異性を選ぶとき、男性のほうが女性より「見た目」を重視する傾向にあるような気がしませんか。

これに関して、アメリカのレイセックとガウリンの研究グループを中心に、いくつもの興味深い研究論文があります。

この研究では、被験者の男性に、痩せた女性、中肉中背の女性、太った女性など、あらゆる体型の女性の写真を見せ、もっとも魅力を感じる女性の体型を選んでもらいました。

その結果、男性は、ヒップとウエストの比が1対0・6から1対0・7の間の女性をもっとも好む傾向があることがわかったのです。たとえばウエストが65センチなら、ヒップがおよそ92センチから108センチの間の女性、ということですね。

それはどうしてなのでしょうか。

研究では、ヒップ対ウエストの比が1対0・6から1対0・7の範囲にある女性のグループとそこから外れる女性のグループの子どもの知能テストの成績が比較されました。これによると、ヒップ対ウエストの比が1対0・6から1対0・7の範囲にある女性の子どものほうが、そうでない女性の子どもよりもIQが高かったのです。

これには、脂肪の種類が関連していると考えられています。

ウエストまわり、要はおなかにつく脂肪は、オメガ6脂肪酸というもの。一方、お尻や太ももにつく脂肪は、オメガ3脂肪酸というものです。同じ脂肪でも質が違うのです。

ところで、人間の脳の大部分は脂肪です。脳内の神経細胞は、細胞核のある細胞体、そこから伸びる樹状突起と軸索という2種類の突起からできています。

軸索のまわりは、絶縁性のリン脂質で覆われていてこれをミエリン鞘《しょう》（または髄《ずい》鞘《しょう》）といいます。ミエリン鞘はすべての神経細胞の軸索に生まれつきあるわけではありません。生まれつきあるものもありますが、大半は生後、成長と共につくられていく（ミエリン化する）のです。ミエリン化は細胞間の情報伝達の速度を飛躍的にアップさせます。つまり、ミエリン化は脳の成長となるわけです。

このミエリン鞘の原料となるのがオメガ3脂肪酸です。つまり、お尻や太ももにつく脂肪と脳を成長させる脂肪は同じもの。

このオメガ3脂肪酸をたくさんもっていて、なおかつ、不健康さや老化の指標となるおなかの脂肪が少ない女性のほうが賢い子どもを産む確率が高く、男性はそれを無意識のうちに見分けているのだ、とこの論文の著者らは述べています。

ちなみに、女性が男性を選ぶ場合は、記憶、つまり、その言動に矛盾がないかどうかを重視するといわれています。たとえば約束をきちんと守ったかどうかなどに、女性はとくに強く反応するのです。

これはその男性が「エサをきちんと持って帰ってくるかどうか」の判断にもつながります。ずいぶん現金なようにも感じますが、生き延びるには、とくに狩猟時代などには必要な資質だったでしょう。

もちろん、これらの研究結果には例外がつきものです。とくに子どもの成績に関しては、環境などにも大きく左右されるので、母親のヒップ対ウエストの比率だけで判断できるものではありません。

しかし私たちが無意識のうちにもっている「好み」に、まったく科学的な根拠がないかといえば、そうではありません。

まだ科学のメスが入っていないだけで、きちんと論証できる「好み」があるはずです。そしてそれは、人が生き物として生き残るために、子孫に命をつなぐために長い年月を経て身につけた能力なのです。

つまり、自分の「好み」を大事にする。これは先に述べた「自分を大切にする」ことにもつながっていくのです。

運のいい人は「おもしろそうかどうか」で決める

やるべきかやらざるべきか、どちらを選ぶべきかなどで悩んだら、「それが自分にとっておもしろそうかどうか？」で判断するのもおすすめです。

選択に悩んだとき、人はとかくどちらが正解か、どちらが正しいかと考えがちですが、それをやめて「おもしろさ」を判断基準にするのです。

その理由のひとつは、そのほうが健康によいから。

正しいと思うことを義務感で渋々やるより、おもしろそうと思えることを嬉々《きき》とした気持ちでやったほうが人はしあわせでいられます。

イギリスのロンドンで行われた調査では、幸福を主観的に感じている人は、感じていない人よりも死亡リスクが35％低い、という結果が出ています。

この調査は52〜79歳の約3800人を対象に行われました。まずは被験者に複数の質問に答えてもらい、被験者一人ひとりの幸福度を評価します。そしてその5年後に、被験者の状況を追跡調査したのです。

その結果、もっとも幸福度の高いグループの死亡率は3・6％なのに対し、もっとも幸福度の低いグループでは死亡率は7・3％と、約2倍の差が出たのです。これに年齢や生活習慣などあらゆる要因を考慮して、35%という数字がはじき出されました。

ではなぜ、主観的に幸福を感じている人のほうが長生きをするのでしょうか。

その理由のひとつは、人の体内にある免疫系の物質で説明ができます。

人の体の中には、その人の心の調子によって変わってくる免疫系の物質がありますが、主観的に幸福を感じている人は、その物質のバランスがよくなるのです。逆に主観的に幸福を感じていない人は、バランスが悪くなり病気になります。

心の調子によって変わってくる免疫系の物質の代表はナチュラルキラー細胞です。

たとえばインフルエンザなどの感染症にかかったとしましょう。感染症にかかるというのは、細胞にウイルスが侵入し、その細胞を乗っ取り、ウイルスが自分自身を増殖させるために使ってしまう状況をいいます。このとき、ナチュラルキラー細胞はウイルスに乗っ取られた細胞を殺してくれるのです。

また、どんなに若くて健康な人でも、体内には数十から数千個のがん細胞が毎日生まれています。人間の細胞は、日々新しく生まれ変わっているのですが、その際にコピーミスのようなことがどうしても起きてしまい、これががん細胞になります。ナチュラルキラー細胞は、このコピーミスをした細胞も殺してくれるのです。よって、ナチュラルキラー細胞が正常に働いている人はがんにかかりにくいのです。

ナチュラルキラー細胞は、活性度が高ければいいというわけではなく、高すぎず、低すぎず、「ほどよい活性」が人の体にはよい状態です。主観的にしあわせを感じている人は、この「ほどよさ」をキープしている、といえるのです。

また、インターロイキン6という免疫系物質も、心の調子によって分泌が左右されます。

インターロイキン6は痛みや炎症の度合いの指標となる物質で、とくにリウマチの患者さんなどでレベルが高いもの。リウマチの患者さんに落語などを聴いてもらい、思いきり笑ってもらうと、その後ではインターロイキン6のレベルが下がることがわかっています。つまり、炎症や痛みが和らぐのです。

痛みは感じていることそのものも不快ですが、痛むことによって血管が収縮したり筋肉が硬直したりするために、血管の状態を非常に悪くします。このため深部で出血しやすくなったり、梗塞《こうそく》を起こすなどのリスクが高まったりするのです。痛みの緩和は生体にとってとても重要なことなのです。

「病は気から」といいますが、このほかにも、心のもちようが体の健康に与える影響は、あらゆる実験や研究から明らかになりつつあります。

健康には、しあわせと感じる状態を少しでも長く維持できたほうがいいのです。そのためには、日々の選択の判断基準を「おもしろさ」に合わせるのもひとつの有効な方法です。

ところで、おもしろさを判断基準にするとよい理由は、そのほうがやる気が出るから、という面もあります。

前にも述べましたが、人が「おもしろい！」「おもしろそう！」などと感じているときには、脳内の報酬系が刺激されます。すると脳内の伝達物質であるドーパミンが分泌されます。ドーパミンは「やる気」のもととなる物質です。

つまり、何かを選択して行動するとき、正しいかどうかで判断するよりも、おもしろさで判断したことのほうがやる気をもって行えるのです。

さらに、ドーパミンは中毒性があるため、やりはじめてうまくいくと「もっとやりたい」「もっとやってみよう」という気持ちが起こります。

正しいかどうかで決めたことと、おもしろそうかどうかで決めたこと、どちらの結果のほうがうまくいきそうかはいうまでもありません。

もちろん日々の選択の中には、おもしろさより正しさを優先しなくてはならない場合もあるでしょう。しかしとくに年齢を重ねると、とかく人は「おもしろいかどうか」という視点を忘れがちになります。

大阪大学大学院医学系研究科の大平哲也准教授（当時）の論文によると、子どもは一日平均300回笑いますが、大人は17回、70歳以上になると2回しか笑わなくなるそうです。

あなたは今日、何回笑ったでしょうか?

笑いを増やすためにも、何かを選択するときに「おもしろさ」を判断基準にするのは大事、といえそうです。

運のいい人は「○○ちゃん、大好き!」と自分に言う

「大丈夫、大丈夫、そんな私も好きだよ」

私はときどき、自分に向かってこう言うようにしています。とくに人に迷惑をかけてしまったり、自分の不注意から人の気持ちを傷つけてしまったりしたときなど、「ああ、だめだな、私……」と落ち込んだ場合にこのように言うのです。

実は、これは精神科の医者をしている私の友人が、患者さんたちに行っている治療

のひとつ。

彼は、自分の病院にやってくる患者さんたちが、一様に自分を大切にしていないことに気づいたそうです。そこで、患者さんに自分で自分を好きになってもらうために、「○○ちゃん、好きだよ」と自分に向かって言ってもらうことを始めた、といいます。

自分に向かって「好き」と言うことに最初は抵抗を感じていた患者さんたちも、時間をかけて何度も繰り返し言ううちに、だんだんと自分を大切にできるようになるのだそうです。

運のいい人は、みな、自分を大切にしている、と先に述べました。

自分を大切にするというのは、自分に心を配ること。たとえば身だしなみに気をつけたり、健康に配慮した食事を心がけたり、身の回りを整理整頓《せいとん》したりすることです。

そして、そのベースには自分への愛情が必要です。自分のことが嫌いな人は、自分を大切にはできません。自分を大切に扱うには、まずは自分で自分を好きになることが大事なのです。

そこで、ときどき自分に向かって「○○ちゃん、好きだよ」と言ってあげるのです。

このとき大切なのは、自分に対してはどこまでも寛大に、とことん自分の味方になってあげること。

自分の非が明らかなときでも、「それでもやっぱり、そんな○○ちゃんが好き」と言って、自分を受け入れてあげるのです。

たとえば先日、私は友人との待ち合わせの時間を間違えてしまいました。相手は「11時に新宿で会いましょう」とメールをくれたのですが、私はそれを「1時に新宿で」と見間違えてしまったのです。結局、友人を2時間も待たせるという大失態を演じてしまいました。

このときの私の非は明らかです。こんなときでも、「ああ、失敗しちゃったね、それでも○○ちゃんが大好き！」と言ってあげるのです。

もちろん、友人には誠意を込めて謝り、今後メールでの約束にはとくに気をつけようと大いに反省もしました。

でも一方で、そんな自分を許してあげるもうひとりの寛大な自分を用意しておいてあげるのです。**反省はするけれど、落ち込みすぎないように、自分で自分を嫌いにならないように、どこまでも心の広い自分ももっておく。そして心の内で、「そんな○○ちゃんでもやっぱり好きだよ」と言ってあげるのです。**

これはとくに、自分になかなか自信がもてない、何だかつらいなと感じがちの人におすすめの方法です。

第2章

運のいい人は「自分は運がいい」と決め込む

運のいい人は「自分は運がいい」と思い込む

自分は運がいい人間だ、と決め込んでしまう。

これが運をよくするコツのひとつです。

何の根拠もなくていいのです。これまでに、自分にはこんなにツイていたことがあった、という過去の実績がなくてもかまいません。とにかく「自分は運がいい」と決めてしまうのです。

以前、直感力に関する調査結果を見たことがありました。

パートナーの浮気を見抜くのは男性よりも女性のほうが得意、というイメージがありませんか。

この調査を行った人も、女性のほうが男性より直感力がすぐれているという仮説のもとに調査を開始しました。実際、「自分は直感力がすぐれていると思うか」という質問に対して、「すぐれていると思う」と答えたのは女性のほうが多かったのです。しかし、いざ嘘《うそ》を見抜かせる実験をすると、わずか1％程度の微妙な差でありながら、男性のほうが嘘を見抜いた人が多い、という結果になりました。

この実験で、主観的な直感力の尺度と客観的な直感力の尺度には開きがあることがわかったのです。

これは、自分で「直感力がすぐれている」と思っている人に、その根拠がほとんどないことがわかった、ともいえますね。

運についても同じようなことがいえるのではないでしょうか。

世の中には「自分は運がいい」と思っている人と、「自分は運が悪い」と思っている人がいますが、「運がいい」と思っている人に明確な根拠がある場合は少ないように思います。

つまり、これから「自分は運がいい」と決めようとしている人にも特別な根拠はいらないのです。

根拠はなくても「自分は運がいい」と決めてしまったほうが、実際に運はよくなるのです。

ではなぜそういえるのでしょうか。

たとえば仕事でうまく契約がとれなかったとしましょう。自分は運がいいと思っている人は、「自分は運がいいのに契約がとれなかった。ということは、準備の段階で自分にミスがあったのかもしれない。あるいは自分に勉強不足のところがあるのかもしれない」などと考えます。

一方、自分は運が悪いと思っている人は、「自分はこんなに努力しているのに、運が悪かったから契約がとれなかったのだ」と考える。

運がいいと思っている人には努力の余地が生まれますが、運が悪いと思っている人にはその余地は生まれないのです。

運がいいと思っている人は、努力次第で次回の契約がとれる可能性が高まりますが、

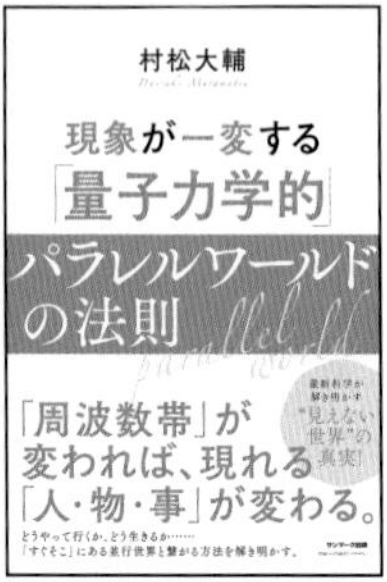

現象が一変する「量子力学的」パラレルワールドの法則

村松大輔 著

「周波数帯」が変われば、現れる「人・物・事」が変わる。これまでSFだけの話だと思われていた並行世界(パラレルワールド)は実は「すぐそこ」にあり、いつでも繋がれる!理論と実践法を説くこれまでにない一冊!

定価＝1540円(10%税込) 978-4-7631-4007-4

生き方

稲盛和夫 著

大きな夢をかなえ、たしかな人生を歩むために一番大切なのは、人間として正しい生き方をすること。二つの世界的大企業・京セラとKDDIを創業した当代随一の経営者がすべての人に贈る、渾身の人生哲学!

定価＝1870円(10%税込) 978-4-7631-9543-2

100年足腰

巽 一郎 著

世界が注目するひざのスーパードクターが1万人の足腰を見てわかった死ぬまで歩けるからだの使い方。手術しかないとあきらめた患者の多くを切らずに治した!
テレビ、YouTubeでも話題!10万部突破!

定価＝1430円(10%税込) 978-4-7631-3796-8

子ストアほかで購読できます。

運が悪いと思っている人はそうはなりません。

あるいは、夫婦や恋人同士などの人間関係。

運がいいと思っている人は、「私は運がいいからこの人と一緒にいられるのだ」と考えます。ケンカをしたとしても、「自分に至らないところがあったのではないか」などと思える。

しかし運が悪いと思っている人は、「自分はこんなに努力をしているのに、相手はわかってくれない。こんな人を選んだ自分は運が悪い」などと考えてしまう。

運がいいと思っている人は、パートナーとの仲をいっそう深めるチャンスが生まれますが、運が悪いと思っている人には生まれない。それどころかますます不仲のほうへと舵《かじ》を切ってしまうのです。

実は、運がいいと思っている人も悪いと思っている人も、遭遇している事象は似ている場合が多いのです。しかしその事象に対するとらえ方、考え方が違う。対処の方法も違う。長い年月を積み重ねれば、おのずと結果は大きく変わってくるでしょう。

だからやはり、何の根拠もなくても「自分は運がいい」と決め込んでしまったほうがいいのです。

運のいい人はプラスの自己イメージをもつ

「自分は運がいい」という思い込みとセットにしてもち合わせたいのが、プラスの自己イメージです。

何か課題を与えられたとき、試験に挑戦するとき、スポーツの試合に出るときなどにプラスの自己イメージをもちます。するとそれが、結果によい影響を与えるのです。

たとえば会社で、難易度の高い、しかも重要なプロジェクトを任されたとしましょう。そんなとき、自分に対するよいイメージを思い浮かべるのです。

前回のプロジェクトも成功できたのだから、今回も成功できる。

むずかしいプロジェクトを任されたということは、日ごろの努力と成果が認められたということだ。

難関といわれる試験にも自分は合格できたのだから、今回も大丈夫！　などというように。

あるいは、自分ならやれる、私ならできないはずがない、などでもいいのです。

プラスのイメージに特別な根拠はいりません。根拠のない自信さえあればいいのです。そのほうが、プロジェクトが成功する確率が高まるのです。

このことを証明する実験が、イギリスで行われたメンタルローテーションタスクの実験です。

メンタルローテーションタスクとは、ひとつの図形（平面の図形の場合もあれば、立体の図形の場合もあります）が示され、それと同じ形のものを羅列された5、6個の図形の中から選ぶ、というもの。羅列された図形のほうは回転して示されているために、ひと目で同じ図形を見つけるのは至難の業です。

メンタルローテーションは日本語で「心的回転」という意味ですが、文字どおり、元の図形を見つけるためには、頭の中で図のイメージを思い浮かべて回転させる必要があるのです。そしてこのメンタルローテーションは、一般的に男性のほうが女性より早くしかも正確に答えを出せる、とされています。

この実験では、アメリカ人の大学生にメンタルローテーションテストをやってもらうのですが、テスト前に簡単なアンケートが実施されました。実は、このアンケートがこの実験の肝なのです。

そのアンケートで性別の質問をされた場合、女子学生の正答率は男子学生の64％でした。一方、アンケートで自分の所属大学を質問された場合、正答率は男子学生の86％まで上がったのです。

被験者の多くは有名校のエリート学生でした。アンケートで所属大学を答えることで、私は有名大学のエリート学生だというプラスの自己イメージがわき、それがテストによい影響を与えたのです。

このように、プラスの自己イメージはパフォーマンスに直接影響を与えます。

そこで、何かに取り組むとき、何かに挑戦するときには、マイナスの自己イメージはなるべく排除する努力をして、できるだけプラスの自己イメージをもつようにするのです。

そして、このプラスの自己イメージは、「運がいい」という思い込みとセットにするとよいサイクルが回ります。

「運がいい」という思い込みとプラスの自己イメージをもっていると、新しい挑戦や課題に成功しやすくなります。成功すると「やっぱり運がいい！」と思える。自己イメージのレベルも上がるので、次の挑戦もしやすくなります。

また、仮に次の挑戦には失敗してしまったとしましょう。先ほども書きましたが、「運がいい」と思っている人はここで反省ができます。その反省から次への努力が生まれ、次の挑戦で成功できたとしたら、またよいサイクルに戻ることができるのです。

運のいい人は「運がいい」「ツイている！」と声に出して言う

自分は運がいいと決め込んでしまったほうがいいといっても、これまで自分は運が悪いと思ってきた人にとっては、それはむずかしいことかもしれません。

そこで、「自分は運がいい」と思う練習をしましょう。

自分は運が悪いと思っている人は、まずは自分の命がこの世に誕生した奇跡に目を向けてみてください。

人の命は、精子と卵子が出会うことで生まれます。

1回の射精に含まれる精子の数は、個人差などもありますが1億～4億個とされます。射精後、精子は卵子の待つ、子宮の卵管膨大部へ進むのですが、そこへたどり着けるのはわずか数十から数百個の精子のみ。さらに受精できるのは、そのうちのほぼ1個です。

受精がうまくいっても受精卵が子宮内に定着する着床の確率は約75％。着床してもそのうちの何割かは妊娠まで至りません。さらに妊娠したとしても、全妊娠の約15％で流産が起きるとされています。

このように、私たちの命は、膨大な数からたった1個だけ選ばれた精子が、卵子と出会い、数々の幸運を重ねて、ようやく誕生したのです。

こう考えると、自分がこの世に生を受けたこと、いまここに生きていることが奇跡なのだと感じませんか。

そしてこの奇跡は自分だけに起こったものではありません。自分の命のもととなった父親と母親にも、その父親と母親である4人の祖父母にも、さらに8人の曽《そう》祖父母にも奇跡が起きたのです。もちろん曽祖父母にも両親がいたわけで、その先にも連綿と続く命のつながりがあり、その数だけ奇跡があるのです。このうちのひとつでも奇跡が欠けていたら、いまの自分はありません。まさに、自分は「幸運の人」といえるのではないでしょうか。

ところで、運をよくするためには「運がいい」「ツイている」と声に出して言うべきだ、とよくいわれます。

これには私も賛成で、自分は運がいいと思う練習をするときには、声に出して「運がいい」と言うのがおすすめです。

というのは、人間が何かを記憶するときには、大脳深部の海馬という部位が働くからです。

人の記憶は、視覚、聴覚、嗅覚などの感覚器官から海馬に情報が送られ、そこで整理統合され、短期間記憶すべきもの、長期にわたって記憶すべきもの、すぐに忘れてもかまわないものなどの判別がされるのです。

この情報を送る際に、働かせる感覚器官が多ければ多いほど、記憶は強化されやすく、長期間にわたって残りやすいとされています。

よって、ただ心の中で「運がいい」と思っているより、声に出して「運がいい」と言ったほうが、長期間の記憶にかかわる脳の細胞は活発に働き、「自分は運がいい」ということが脳に定着しやすくなるのです。

同時に、「運がいい！」「ラッキー」「ツイている！」などと書いた紙を部屋の目につく場所に貼っておく、というのも視覚を働かせるので有効でしょう。

さらに、これらは少なくとも3週間は意識して続けるようにしてください。人間の脳の中に新しい回路ができるようになるには、少なくとも3週間はかかるとされているからです。

運のいい人は積極的に運のいい人とかかわる

「自分は運がいい」と思えるようにするには、いつも運のいい人のそばにいる、というのもひとつの方法です。

人の運のよしあしは、科学的にみれば、もともとその人がもっているというよりも、その人の行動パターンによって決まると考えるべきでしょう。

運のいい人のそばにいると、その行動パターンが似てきて、「運を呼び込む」ことができるのです。

人はとかく、近くにいる人間の影響を受けやすいものです。

江戸時代には、結婚相手を決める際、「結婚しようと思っている娘の母親を見なさい」と言われたそうです。遺伝的に似ているということもあるでしょうが、娘はもっとも長く時間を共にした母親の影響を大きく受けているはずで、考え方やモノの見方、下駄の歯の減り方までが母親と似る。よって、母親を見れば娘が自分の結婚相手としてふさわしいかどうかを見極められる、というのです。

ではどうして、人はいつも近くにいる人間に似てしまうのでしょうか。

これは、脳の中のミラーニューロンという神経細胞が大きく関係しているのではないか、といわれています。

ミラーニューロンとは、イタリアのジャコモ・リツォラッティらのグループが１９９０年代にサルの実験によって発見したものです。

ミラーニューロンは、自分が運動を行ったときに活発化する脳内の神経細胞ですが、ほかの人の運動を見たときにも活発化する、という特徴があります。たとえば自分の手で何かをつかんだときだけでなく、ほかの人がモノをつかむのを見たときにも活発化する。他人の動きを、鏡に映る自分の動きのように感じて活発化するためミラーニューロンと呼ばれています。

ミラーニューロンがとくに注目されているのは、この細胞が他人の行動意図や目的を理解して反応するところ。

たとえばサルに、人がりんごをつかんだところを見せると、人がそのりんごを器に入れたときよりも、りんごを口に運んだときのほうが、サルのミラーニューロンは強い反応を示すのです。

つまり、ミラーニューロンは他人がその行動をとる背景まで読んでいるのです。何のために、どんな意図をもってその行動をしているかまで読み、その目的や意図によって反応の仕方が変わってきます。

たとえば家族や友人などがイライラしているときの振る舞いを見ると、イライラしていることを事前に知っていなくても「何だかイライラしていそうだな」とわかる場合がありますね。振る舞いによっては「何かよいことがあったのかも」と思うこともあるし、「何か企《たくら》んでいそうだな」と感じることもあります。

このことは、他人の気持ちを理解する共感にもつながります。私たち人間が他人の喜びや悲しみを理解し、共感できるのは、このミラーニューロンが人間の脳にもあって、大きくかかわっているのではないか、とされているのです。

となると、運のいい人と積極的にかかわることのメリットがわかります。

運のいい人とできるだけ一緒にいるようにして、その行動をよく観察するのです。すると、まるで運のいい人と同じ行為をしているかのごとく、自分のミラーニューロンが活発化します。

やがて、観察していた行動や振る舞いは自分のものとなり、自分も同じような行動パターンをとるようになるでしょう。考え方やモノの見方も似てくるはずです。

そうなったらしめたもの。「自分も運がいい」と思えてくるでしょう。

仮に、それは錯覚であってもかまわないのです。「自分は運がいい」と思い込むところが、運をアップさせるためのスタート地点だからです。

運のいい人は早寝早起きをする

世の中で成功している人たちの多くが朝型人間です。

毎朝4時に起床。家族が起き出すまでの3時間を自分のための時間として活用している――。

夜は10時には寝てしまう。朝は遅くとも5時には起きて6時に出社。始業時間の9時までにはひと仕事終えていて、一日のサイクルが順調に回る――。

いわゆる成功者と呼ばれる人たちは、よくこんなことを言います。

深夜までがむしゃらに働いて、朝は遅刻寸前のギリギリまで寝ていて会社に駆け込むのが日常、というタイプの人の成功話は聞いたことがありません。

実は、脳科学的にみると、それは当然のことといえるのです。

私たちの体には、はっきりと確認されているものだけで25種類もの神経伝達物質がありますが、この中に安心感や安らぎなどのしあわせ感をもたらしてくれるものがあります。そのひとつがセロトニンです。

セロトニンは心のバランスを整え、安心感をもたらすために、しあわせホルモンなどとも呼ばれます。「運をよくする」ためには必須の物質、ともいえるでしょう。

セロトニンは、不規則な生活を送っていると、出にくくなってしまいます。早寝早起きの、規則正しい生活を送ることが大事というのは、この点からもいえることなのです。

私たちの体は、夜になると自然に眠くなり、朝になると目が覚めますね。体温は朝のうちは低めですが、夕方にかけて徐々に上昇していきます。そしてまた朝になると下がります。

このように、人の体には約24時間を周期としたサーカディアンリズム（体内時計）が備わっています。人のサーカディアンリズムは、通常、日中を活動時間帯、夜間を睡眠時間帯としてセットされています。

睡眠と覚醒の変化、体温の変化と共に、このような物質の分泌量の周期変動も、人のサーカディアンリズムの特徴で、睡眠時にはメラトニンという物質が増えます。

メラトニンは、良質な睡眠をつくり出すと共に、体の中の活性酸素を分解し、抗ウイルス作用を強めるなど、体を守り、老化を防止するのにも役立つ重要なホルモンです。

そしてこのメラトニンは、脳の松果体でセロトニンからつくられます。つまり、セロトニンがしっかり分泌されていないと、メラトニンも減ってしまうのです。

セロトニンは、朝の自然光を網膜が感じると分泌されます。そしてセロトニンが分泌されはじめた15時間後にメラトニンが分泌を開始するのです。

つまり、セロトニンとメラトニンを十分に分泌させるためには、もともと体に備わっているサーカディアンリズムにのっとった生活をすること、すなわち朝は早めに起きて朝日をしっかり浴び、夜は早めに就寝することが大事なのです。

ところで、セロトニンはトリプトファンという必須アミノ酸からできています。必須アミノ酸とは体内でつくられないため食物からとる必要があるアミノ酸です。

そこで、セロトニンをつくり出すためには、トリプトファンが含まれる食事をしっかりとることも重要です。

トリプトファンは、赤身の魚や肉類、乳製品などに含まれています。そして、セロトニンの合成にはビタミンB_6も必要なので、ビタミンB_6が含まれる食品（にんにく、とうがらし、ごまなど）をうまく組み合わせて食べるとよいでしょう。

また、セロトニンはお風呂に入っているときなどリラックスした状態のときに分泌されることもわかっています。

さらに、セロトニンがつくられるためには適度な運動も必要です。

つまり、早寝早起きをして、適度な運動をする、ゆっくりお風呂に入ってリラックスする、というある意味オーソドックスな規則正しい生活が、セロトニンの分泌を促すのです。

最近あまりツイていないなと思ったら、まずは生活リズムを規則正しいものに変えるところからスタートさせるのが近道、といえそうです。

運のいい人はよい妄想をする

もしあの人と両思いになれたらどんなに素敵だろう！

もしあの人とつきあえたら、映画を一緒に見に行きたい、海にも行きたい、おいしいイタリアンも食べに行きたいなあ！

たとえばこのように、意中の人とうまくいく妄想をする――。

これも運をアップさせるひとつの方法です。

セロトニンと並んで、「運を高める」ために必須の神経伝達物質といえるのが、ドーパミンです。

おなかがすいたからモノを食べる、志望校に合格したいから勉強するというように、私たちの行動の裏には必ず動機がありますね。この動機にかかわっているのがドーパミンです。

また、だれかにほめられたり、得をしたりしたときなど、脳が喜びを感じるとドーパミンは分泌され、私たちに快感をもたらします。

つまり、ドーパミンは意欲や快感をつくる物質で、「生きる意欲をつくるホルモン」などともいわれています。

では、どうすればドーパミンは分泌されるのでしょうか。

もっとも効率がよいのは、よい恋愛をすること。

だれかに恋をして、その相手からも愛されているときには心がドキドキします。このドキドキが起こるということは、ドーパミンが分泌されている証拠なのです。

といっても、恋愛はひとりで簡単に始められるものではありません。仮に恋愛中だとしても、現実の恋愛はケンカや裏切りもあって、よい意味のドキドキ感だけをずっとキープするのはむずかしいものです。

そこで、私がおすすめしたいのがよい妄想です。

あなたにもし片思いの人がいたら、その人とうまくいったときのことを妄想するのです。相手は俳優やタレントなどの有名人でもいいでしょう。とにかく心がドキドキするよい妄想をするのです。

よい妄想とは、他人との恋の妄想でなくてもかまいません。

たとえば、人気のあるお笑い芸人の中には「目力」がすごいな、と感じる人がいます。目がギラギラしていて、独特の力強さがあるのです。

彼らは、おそらく自分で自分に恋をしているのでしょう。テレビカメラの向こう側には、何十万、何百万人という視聴者がいて、自分に注目している。自分のギャグに笑ってくれている。そんな自分ってすごいな、そんな自分は嫌いじゃないよな、などと心のどこかで感じている、と思うのです。その妄想がドーパミンの分泌を促し、彼らの意欲をさらに引き出します。そして語りやギャグはますます冴《さ》える、という好循環をもたらすのです。

このように、よい妄想とは、自分はすごいと思える妄想でもいいのです。

たとえば仕事がうまくいって、社内で拍手喝采を受けている自分を思い浮かべる。自分がかかわった商品がヒットして、お店の棚にズラリと並んでいる光景を思い浮かべるなど。

このようなよい妄想は、考えるだけでよい気分になります。

よい妄想は元手がかからず、いつでもどこでも簡単にできます。そしてその効果は絶大なのです。

運のいい人は目いっぱいの愛情をもって人を育てる

あなたの近くに、愛《いと》しいと思える、自分より弱い存在の人はいませんか。

我が子や孫はもちろん、会社の部下や後輩、アルバイト先の教え子などでもかまいません。

もしいるとしたら、その存在を目いっぱいの愛情をもって育てること。それがあなたの能力向上、ひいては、「運」の向上につながる可能性があります。

アメリカ・バージニア州リッチモンド大学の神経科学者、クレイグ・キンズレーとランドルフ・メイコン大学の神経科学者ケリー・ランバートは出産経験のあるラットのほうが未婚ラットより記憶と学習の能力が高まる、という研究成果を発表しています。

ふたりは、2度の出産、子育て、乳離れの経験のある母親ラットのグループと同じ年齢で交尾をしたことのないメスのラットのグループをつくり、それぞれをエサを隠している迷路に入れて、エサを見つけさせるというテストを行いました。

このテストの結果、母親のラットのほうが短時間でエサのありかを覚えることができたのです。

また、マーモセット（キヌザル）でも同じような実験が行われ、ここでも好成績を収めたのは母親のマーモセットでした。

つまり、愛情をもって子どもを育てた経験のあるラットとマーモセットのほうが、そうでないラットとマーモセットより記憶と学習の能力は高かったのです。

この実験の結果だけをみると、記憶と学習の能力向上には実の子どもを育てることが重要と感じるかもしれませんが、そんなことはありません。クレイグ・キンズレーとケリー・ランバートは、次のような実験も行っています。

母親ラット、未婚ラット（交尾の経験のないラット）、里親ラットを、それぞれ、エサの隠してある迷路に入れます。そしていつも同じ箇所にエサを隠し、そこへ戻る道順を記憶させました。

里親ラットは、未婚のラットですが、長時間赤ちゃんラットと同じケージに入れ、赤ちゃんに慣れさせたラットです（なかには、なめたり、毛繕いしたりするなど母親らしい行動を見せるラットもいたそうです）。

この実験でも、戻る道順をもっとも早く記憶したのは母親のラットでしたが、2位は里親のラットで、その成績は僅差《きんさ》だったのです。

また、父親のマーモセットと独身のオスのマーモセットでも、同じように隠されたシリアルの場所を記憶させる実験が行われました。ちなみにマーモセットのメスは、多くの場合双子を産み、オスも育児に参加します。この実験では、父親のマーモセットのほうがエサの場所を記憶する能力が高いことがわかったのです。

つまり、実の母親であるかどうかは関係なく、たとえ里親であっても父親であっても、愛情をもって「子ども」を育てれば、記憶と学習の能力は高まることがわかったのです。

では、このラットやマーモセットの脳には、どのような変化が起きたのか。

その変化のひとつとして、オキシトシンというホルモンが注目されています。

オキシトシンは、出産時の陣痛を促進し、出産後は母乳の分泌を促す働きがあります。また、感情や行動を落ち着かせたり、互いの信頼関係を強化し、夫婦や親子の絆《きずな》をつくりやすくしたりする効果もあるとされ、その特徴から「愛情ホルモン」とも呼ばれています。

岡山大学の富澤一仁助教授（当時）の研究チームは、次のような実験を行いました。

妊娠したことのないマウスの脳にオキシトシンを注射し、エサを隠した迷路に入れます。この迷路には8つの順路があり、そのうち4つの順路にエサを隠しました。

この結果、オキシトシンをより多く注入されたマウスのほうが、エサのある順路を記憶する能力が高いことがわかったのです。

また、妊娠を経験したマウスの脳にオキシトシンを抑制する注射をし、同じ迷路に入れました。すると、このマウスでは記憶力が低下していることがわかりました。

つまり、この実験結果から、オキシトシンが記憶と学習の能力を向上させることがわかったのです。

オキシトシンは、女性のほうが分泌されやすいホルモンですが、男性でも分泌されます。

オスのマーモセットを単独でケージに入れた場合と、オスのマーモセットを子どもと一緒にケージに入れた場合では、子どもと一緒だったマーモセットのほうがオキシトシンの分泌量が多かった、という実験結果もあります。

これらの実験結果からわかるように、たとえそれが自分の子どもでなくても、オキシトシンは愛情をもってだれかを育てれば、分泌されるのです。そしてこのオキシトシンが記憶や学習の能力を向上させます。

人の場合なら、子どもに限らず、部下や後輩などを愛情をもって育てた場合にも分泌される、といえるでしょう。

このことを証明するかのような事例がユニクロにあります。

ユニクロは、障がい者の雇用率が高いことでも有名です。障がい者の法定雇用率は2・3%（2023年1月現在）ですが、ユニクロでの障がい者雇用率は2021年では4・6%です。

ユニクロが積極的に障害者雇用に乗り出したのは2001年3月だそうですが、翌年には6%の雇用率を達成したといいます。

そしてユニクロは、障がいのある人たちが一緒に働くようになってから「サービスが向上した」といわれるようになったのです。

代表者の柳井正氏は、ある取材で「障がいのある方の雇用を通じて、各店舗で人に対する思いやりみたいなものや、一緒に仕事をしていこうという姿勢が生まれたのではないかと思う」ということを語っています。おそらく、サービスが向上したといわれる店舗では、店長が率先して、障がいのあるスタッフに対し、愛情をもって育てようとしたのではないでしょうか。

その姿は、ミラーニューロンの働きによってほかのスタッフにも影響を及ぼしたはずです。そして店舗全体のオキシトシン分泌量が上がったのではないでしょうか。それがサービス向上につながった、ともいえます。

よく、子どもをもった母親が「子どもを育てることで自分が成長できた」と言うのを聞きます。**これは実際にそのとおりで、だれかを育てることは自分を育てることに**

つながるのです。

そして、それは実の子どもかどうかは関係なく、他人の子どもであれ、部下や後輩であれ、だれでも目いっぱいの愛情をもって育てれば、自分も共に成長できるのです。

運のいい人は自分のストレスレベルを上げる

あえて困難に立ち向かう――。

これは運を強化する方法のひとつです。

偉業を成し遂げた人には、過去に苦労をしている人が多いですね。

たとえば「発明王」と呼ばれるトーマス・エジソンは、小学校の担任の先生から「君の頭は腐っている」と言われ、中退させられたといいます。また、仕事も「生産性がなさすぎる」という理由で、2度、解雇になっています。

特殊相対性理論を築き上げたアインシュタインは、4歳になっても言葉を話さず、小学校の高学年まで流暢《りゅうちょう》に話すことはできなかったといいます。また、高校を中退し、大学受験にも失敗しています。

有名企業の創業者なども、必ずといっていいほど過去に大きな苦労話があります。「逆境をバネにする」という言葉がありますが、彼らはまさに逆境があったからこそ芽が出た、といえるでしょう。

というのは、人間の脳には一定のストレスがかかったときにシナプス（神経細胞間の接合部）をつくる、という傾向があるのです。

人の体は、安全・安心の状態にあるときにはそれをキープしようとしますが、たとえば体内にウイルスが侵入するとそれと闘うために免疫細胞が活発になります。同じように、**脳の細胞も平穏無事なときよりも一定のストレスがかかったときのほうが活発に活動するのです。**

これを証明したのが「ヤーキーズ・ドットソンの法則」。

心理学者のヤーキーズとドットソンは、ラットを用いた実験で、学習の成果がピークになるのは適度にストレスがあるときで、ストレスが低すぎても高すぎてもその成果は下がる、という法則を発見しました。

この実験とは、ラットに白と黒を区別する訓練をしておき、ラットが間違えたときには電気ショックを与える、というものでした。この実験で、適度な電気ショックのときにラットの正答率はもっとも上がり、電気ショックが弱いとき、または強すぎるときは正答率が下がっていきました。この実験によって、ストレスレベルと学習パフォーマンスの間には逆U字曲線型の関係があることがわかったのです。

つまり、人は平穏無事、安心、安全な状態にいるときよりも、適度なストレスがかかっているときのほうが力を発揮できる、といえるのです。

たとえば仕事でも、「いつでもいいからできるときにやっておいて」と言われるより、「明日の9時までにやっておいて」と言われたほうが集中力を発揮しやすくなります。あまりに責任の大きな仕事はプレッシャーに押しつぶされそうになりますが、適度に責任のある仕事を任せられると俄然《がぜん》やる気になるなどするものです。

ただし、適切なストレスレベルは、人によって違います。まずは自分の適切なストレスレベルを知ることが大事です。

過度にプレッシャーを感じる状況で無理してがんばっても成果は上がりません。無理な状況でがんばりすぎると、うつ病になるなど情緒的混乱が起きてしまう可能性があります。

自分にとって「ちょっと困難だな」「でもがんばれば何とかなりそう」と感じるちょうどよい状態を把握するようにしてみましょう。

ところで、耐えられるストレスレベルは、徐々に上げていくことも可能です。

たとえば今日、集中して2時間勉強に励んだとしたら、明日は2時間5分がんばってみるのです。明後日は2時間10分がんばってみる。3日目に「2時間10分が限界だ」と感じたら、4日目も2時間10分やってみる。数日たって2時間10分が無理なくできるようになったら、2時間15分に挑戦してみる。このように時間はかかりますが、根気よく続けていけば、少しずつストレスレベルを上げていくことは可能なのです。

自分のストレスレベルを把握したら、仕事や勉強などあらゆる物事にかかわるときに、「自分にとってはちょっと困難そうだな」と思える状況に立ち向かってみます。困難な状況が脳の細胞を活発にして、思わぬ成果が出る確率が上がります。このことが運のアップにもつながっていくのです。

運のいい人はあえてリスクのある道を選ぶ

人生は選択の連続といえます。

そのときに何を選ぶか。これによってその人の人生はずいぶん変わってきます。運に左右される場合もあります。

では、何を選ぶか、どちらを選択するかで迷ったときはどうするか。

あえてリスクのありそうな道を選ぶというのも、よい方法のひとつだと私は考えています。

なぜなら、リスクのある道を選んだほうが、脳が喜ぶ傾向にあるからです。

このことを証明した鳩《はと》の実験があります。

この実験では、AのカゴとBのカゴにそれぞれ一羽ずつ鳩を入れます。どちらのカゴにもエサのボタンがついていて、鳩がくちばしでそのボタンを押すとエサが出るようになっています。

Aのカゴはボタンを押すと100％エサが出るようになっていますが、Bのカゴはボタンを押してもときどきしかエサが出ないようになっています。

この状況で鳩がどのように反応したかというと、Aのカゴの鳩は、おなかがすいたときだけボタンを押しました。一方、Bのカゴの鳩は、おなかのすき具合に関係なく何度もボタンを押しました。とくに、ボタンを押してエサがもらえる確率が50％のとき、つまりボタンを押しても2回に1回の割合でしかエサが出ないときに、この鳩はもっともボタンを押しつづけたのです。つまりBのカゴの鳩を、ボタンを押すことの中毒にしてしまったわけです。

同じような実験がサルでも行われています。

この実験では、一匹のサルの前にAとBの2台のジュースタンクを置きます。Aのタンクは、ボタンを押すと必ず150mlのジュースが出てくるようになっています。一方、Bのタンクは、ボタンを押すと100mlもしくは200mlのジュースが出てくるようになっています。100mlか200mlかの選択をサルができる作りにはなっていません。

この状況だと、サルはBのタンクのボタンを押しつづける傾向があるのです。Bのタンクは100mlしか出てこない場合もあるけれど、Aのタンクより多い200mlが出てくる場合もある。リスクはあるけれど、運がよければ得もある。サルは、このようなギャンブル性の高いほうを選ぶ傾向がある、ということがわかったのです。

これは、人間でも同じようなことがあるといわれています。

たとえば同じくらい気になる異性がふたりいるとしますね。Aさんもいいけれど、Bさんもいい、というぐあいに。

Aさんは、食事や飲みに誘うと100%OKの返事をくれて、毎回楽しい時間を過ごせます。一方、Bさんのほうは、食事や飲みに誘っても2回に1回は断られてしまう。ただしOKの返事をくれたときには、とても楽しく食事やお酒の時間を過ごせるとしましょう。

この場合、最終的にはBさんのほうに気持ちがいく人が多いのです。

これは何となくわかる気がしませんか。ちょっとつれない相手のほうが気になってしまう。ときどき断られるのはどうしてだろう、だれかつきあっている人がいるのだろうか、などとついつい考えてしまう。「次回も断られるかもしれないけれど、挑戦してみよう」という気にもなります。

つまり鳩やサルと同じで、人間も「100%安心」な状態より、ちょっとリスクのあるギャンブル性の高いほうを好むのです。

これは、人間の脳が何の刺激もない状態より、リスクのあるほうを好むから。心理学でいう「強化学習」を自分に応用するのです。ちょっとリスクのあるほうが脳の報酬系が活発に働くのです。

そこで、何かを選択する際にどれにするかで悩んだとき、あえて少しリスクのあるほうを選んでみるのです。安心・安全な道より、ちょっと冒険の道を選んでみる。そのほうが夢中になれるし、脳が喜んで、結果もよいものになる確率が上がるのです。

第3章

運のいい人は他人と「共に生きること」をめざす

運のいい人は他者を思いやる

たとえば仕事帰りの込んでいる電車で、自分が立っている前の席が空いたときに、自分が座ってしまう前に、まわりにお年寄りや妊婦さんがいないかを確かめることができる人。

あるいは、雨の日の狭い道。人とすれ違うときに、相手に傘がぶつからないように、そして傘から落ちるしずくで濡《ぬ》れないようにするために、ていねいに傘を傾けることができる人。

仕事でトラブルが起きたとき、「私はできることはやりました」と言い張るのではなく、「私にミスはなかっただろうか」「私がもっとできることはなかっただろうか」と考えられる人。

たとえばこんな人でありたい、と私は考えています。

要は、自分さえよければいいと考えるのではなく、きちんと他人のことを思いやれる人。ここぞという場面だけでなく、日々のちょっとした出来事の中でも、他人のことを思いやれる人でありたい、と考えているのです。

実は、これができる人が運のいい人、ともいえるのです。

このことは生物の歴史が教えてくれます。

私たち現生人類（ホモ・サピエンス）の亜種とされているひとつに、ネアンデルタール人がいます。

ネアンデルタール人は、いまから約20万年前から3万年前までに、ヨーロッパや中東アジアに住んでいました。

ネアンデルタール人がなぜ絶滅してしまったのか。その謎《なぞ》はまだ明確になっていませんが、一説には、現生人類の一派であるクロマニヨン人の攻撃によって絶滅したとされています。

ネアンデルタール人と現生人類の脳の大きさを比べると、ネアンデルタール人の脳の平均的容積は男性で約１５００ccなのに対し、私たち現生人類は約１４００ccと、ネアンデルタール人のほうが大きいのです。このことから、少し前までは脳の小さい現生人類が生き延びることができたのは、ネアンデルタール人よりも攻撃性があったから、という説が有力視されていました。

しかし最近の解釈は変わりつつあります。

というのは、脳全体の大きさは現生人類よりネアンデルタール人のほうが大きいのですが、脳の中の前頭葉という部分は、現生人類のほうが大きいということがわかったのです。

前頭葉は、人の言語活動、運動、精神活動などを担う部分ですが、前頭葉の中でもとくに前頭連合野は、思考や創造を担当する重要な部分です。未来を見通す力、それに基づいた計画づくり、利他の概念、社会性など、人間らしい思考を行うのです。

つまり、現生人類が生き延びたのは、ネアンデルタール人より社会性に長《た》けていたからだ、という見方が有力となってきています。

男性ひとりが生き延びるのは、弱い女性や子どもを含めた共同体が生き延びていくことより簡単です。自分さえ強くなり、オオカミなどの敵から逃れ、自分だけの食料を確保できれば、それで生き延びることができる。しかしヒトとして種を残していくためには、弱い女性や子どもも守らなければいけない。共同体として生き残らなければならない。そのためには、みなで協力して生き延びようとする社会性が必要になってきます。

ネアンデルタール人は、その社会性をもっていなかったために、進化のゲームで負けてしまったというのです。

会社や個人の商店などをみてもそうですが、生き残るというのは、ひとつの運のよさといえますね。

そしてその生き残りのコツを、ネアンデルタール人と現生人類の脳の差が教えてくれるのです。

そのコツとは、他者を思いやること。自分さえよければいいと考えるのではなく、お互いを思いやり、みなで協力して生き延びようとする社会性をもつことなのです。

運のいい人はひとり勝ちしようとしない

生き残るためには他者を思いやる社会性が必要、と述べました。しかし、他者を思いやるだけでは生き残ることはできません。

たとえば企業は社会の役に立つことが大前提ですが、自社の利益を度外視し、ひたすら社会のことだけを考えて活動していたら、いずれは倒産してしまうでしょう。

自分は何も食べずに、ほかの人に食べ物を与えつづけていたのでは、いずれは病に倒れてしまいます。

つまり、生き残るにはまず自分が勝たなければなりません。しかも勝ちつづけなければならないのです。

ではどうしたら、他者への思いやりをもちつつ、勝ちつづけることができるのでしょうか。

そのコツは、勝ちすぎないこと。

「過剰適応」という言葉があります。生き残っていくためにはもちろん、環境に適応する必要があります。しかし、過剰に適応してしまうと、それがかえって絶滅のリスクになってしまうことがあるのです。

「最適より好適」という言い方もあります。最適はベスト、好適はベターという意味。**「最適より好適」とは、「最適な戦略をとると、一時期は勝てるものの、長期的なスパンでみると滅びてしまう可能性が高い。よってベストよりベターな道を選ぶべき」という意味です。**

たとえば、アフリカのクロサイ。個体の能力でいえば、最強の種といってもいいくらい、凶暴で攻撃的、巨体をもちながら、移動のスピードも速く、非常に戦闘や競争に強い動物です。

しかし、向かうところ敵なし、のようなこのクロサイも、ひとたび環境が激変すると、真っ先に絶滅危惧種となってしまったのです。

クロサイは、個体の戦闘能力が高いので、成体になってしまえばその後の生存競争で命を落とす危険がほとんどありません。この条件下では、少なく産み、その子の面倒をしっかり見て、強い成体に育てることがいちばんの生存戦略となります。

たくさんの子を産んだほうが有利なのではないか、と思う人もいるかもしれません。しかし、子をたくさん産むと、母体への負担が大きく産後の母親が狙われる確率が高くなってしまうのです。

さらに、成体になる以前の子が、いちばん狙われるリスクの高い状態ですから、せっかく母親が体力や時間や労力を使って子を産んでも、親の目が届かないほど多くの子がいると、ライオンやハイエナに襲われて、命を落とす危険が高まってきてしまうのです。

つまり、クロサイは、弱肉強食のアフリカで、少数精鋭の子を育てる、という戦略で生き残ってきたのです。しかし、これが仇《あだ》となりました。

クロサイは、個体の能力がきわめて高いためか、群れをつくることがありません。また、子どもも少ししか産みません。最適の戦略のようにみえます。しかし、これは過剰適応といってもいい、危険な状態であったのです。

クロサイを絶滅危惧種にまでしてしまった環境の変化、それは、「ヒトの出現」でした。

これはクロサイにとって、天敵が現れた、などという生やさしい出来事ではなく、天変地異に近いような大事件だったのです。なぜなら、天敵の出現であれば、少しずつ時間をかけてまたその条件に適応していけばよいのですが、ヒトはクロサイに、適応し直す暇を与えませんでした。自然の適応力を超えるスピードで、ヒトはクロサイの生きる環境を破壊していったのです。まるで、突然地球に落ちてきた、巨大な隕石《いんせき》のように。

こうなると、過剰適応してしまっているクロサイは、環境の激変には耐えられません。あっという間に、絶滅危惧種になってしまいました。新しい環境に耐えて、さらに生き延びるには、それまでの環境に最適な適応をしてしまっていてはだめで、「好適」くらいの適応にしておき、遊びの部分を残しておく必要があるのです。

つまり、環境にあまりに適応しすぎて、ある条件のもとでひとり勝ちした存在というのは、条件が変わると、変化に耐えられずにあっけなく危機的な状態に転落してしまうのです。

同じことが人間社会でもいえるのではないでしょうか。

ある時代にひとり勝ちした、頂点を極めた国や企業というのは必ず滅びています。勝ちすぎると、勝ちつづけることができないのです。

そこで勝ちすぎない、ひとり勝ちしない道を選ぶのです。自分だけが生き残って、

ほかは全滅しようがかまわない、という道より、自分も生き残るけれどまわりも生き残れる道を選ぶ。まわりとうまく共存できる道を探る。このほうが結果的に、長く生き延びることができるのです。

運のいい人は品のある行動をとる

常日ごろ、品のある行動を心がけること――。

これが「ここぞ」という勝負のときに効いてくる場合があります。

たとえばドアの開け閉めを静かに行う。

お店で支払いをするとき、ていねいにお金を扱う。

やむをえず車のクラクションを鳴らすとき、何度もしつこく押さないようにする。

親しい人にもていねいな言葉遣いで話す。

このような、日常生活のあらゆる所作に品があるかどうかを意識するのです。

というのは、品のある行動がよい結果を生む場合が少なくないからです。

それを証明したのが、ゲーム理論の「しっぺ返し戦略」です。

ゲーム理論とは、価格競争や交渉など、複数の当事者（意思決定者）が参加する状況（ゲーム）で、各当事者は自分の利益や効用を得るためにどのような行動をとるのか、またはとるべきかを数理的に分析したもの。20世紀半ばに数学者のフォン・ノイマンと経済学者のオスカー・モルゲンシュテルンが基礎をつくりました。

現在では、政策決定やビジネスの現場で、ベストな選択を行うための指針を導き出すために応用されるなどしています。

たとえば商品を仕入れるA社と商品を納入するB社が価格交渉を行ったとしましょう。基本は、A社はできるだけ安く仕入れたいと考え、B社はできるだけ高く納入したいと考えます。一回限りの取引なら、A社は最低価格をB社は最高価格を狙うでしょう。しかし今後の取引のことを考えると、それは得策ではありません。A社とB社の関係や状況をふまえ、お互いが利益を追求するもっともバランスのよい価格、というのがあるはずで、ゲーム理論ではこれを数式で導き出すのです。

このゲーム理論の中にしっぺ返し戦略というものがあります。

しっぺ返し戦略は、ゲームを行う際に「基本は相手と協調路線をとり、相手が裏切ったときには裏切り返す、しかし相手が協調に戻ったらすぐに協調する」という方法で戦うともっともお互いの利益が大きくなる、というもの。

たとえばふたりの人が、ジャンケンで点数争いをするとしましょう。

ただし出せるのはグーとパーのみ。自分と相手が出すグーとパーの組み合わせによって、次のように得られる得点（カッコ内）が決まっているとします。

【パターン1】グー（2）対　グー（2）

【パターン2】グー（0）対　パー（3）

【パターン3】パー（3）対　グー（0）

【パターン4】パー（1）対 パー（1）

この場合、ただ単に勝ちを狙うなら、パーを出しつづけるのがよいです。しかし、なるべく高い得点をお互いがとることを考えると、よい方法ではないのです。

そこで協調路線をとります。この場合、協調路線は最初にグーを出すこと。ゲームが始まったらまずはグーを出します。相手もグーを出すかぎり、こちらもグーを出しつづける。しかし相手がパーを出したら、次はパーを出します。相手がパーを出すかぎり、こちらもパーを出し、相手がグーに戻ったらこちらもグーに戻る。この方法がもっとも高得点を得られるのです。

つまり、先手を打って勝とうとするのでなく、相手の一歩後を行く。えげつない戦い方をするのではなく、社会性のある品のいい戦い方をするのです。それが結局はお互いの利益につながります。

この戦い方は、私たちの日常にも十分に応用できます。

たとえば部下に仕事を頼むとき。上司に休暇願いを出すとき。夫に家事の分担を頼むとき。隣家の騒音に困り、やめてほしいとお願いするとき。

自分が有利になるように先手を打って勝とうとするのではなく、社会性のある品のよい行動で最終的なお互いの利益を狙うのです。

突然、隣家の人が「うるさい！」と怒鳴り込んできたら、何だかよくわからずともこちらもカッとなりそうですが、「すみませんが、実は音が気になりまして……」とていねいに言われたら聞いてみようという気になります。

粗野な振る舞いよりも、品のある行動のほうが人の心を動かすのです。

運のいい人はライバルの成長も祈る

あなたにはライバルといえる仲間がいますか。

もしいるとしたら、あなたはその仲間の成長を心から願うことができるでしょうか。

その仲間が、あなたと同じひとつの昇進ポストを狙っているとしたら、または同じスポーツチームのレギュラーの座をとろうとしていたら、あるいは同じ人に思いを寄せているなど、まさに競争相手だとしたら、その仲間の成長を心から願うのはむずかしいかもしれません。

それどころか「負けてほしい」と思うのが本音かもしれません。

しかしそんな本音はギュッと畳み込んでどこかに捨ててしまい、仲間の成長を心から祈ってください。それがあなたの成長にもつながるからです。

というのは、人間の脳はもともと共生を好むのです。

私たち人間が出現したのはいまから2万5000年くらい前のことですが、人間はこれまでずっと、基本的にほかの動植物と共に生きてきました。

たしかにここ数百年のスパンでみれば、人間のエゴによって住環境を脅かされ、絶滅に追いやられてしまった動植物も少なくはありません。しかし長い人類の歴史のほとんどでは、ほかの動植物と環境をうまく共有し、共生してきたのです。逆にいうと、人間はほかの動植物と共生することで生き延びてこられたのです。

また、アメリカの精神医学者、ポール・マクリーンの「脳の三層構造」というものがあります。

この理論は、「人間の脳は、行動様式の変化と共に進化してきた」というもの。

彼は、脳を次の3つの部分に分けて、それぞれ名前をつけました。

【爬虫類脳《はちゆうるい》】………脳幹、視床の一部、線条体などからなる。呼吸・心拍数・体温の調整、反射行動、感覚情報の処理など基本的な生命維持の機能を担う。

【旧ほ乳類脳】……扁桃《へんとう》体、視床下部、海馬などの大脳辺縁系からなる。記憶と学習、恐怖心、不安、快楽、危険から逃避する反応などを担う。

【新ほ乳類脳】……大脳新皮質の部分。思考、言語、適応性、計画性などを担う。

彼は、人間の脳は、爬虫類脳⇩旧ほ乳類脳⇩新ほ乳類脳の順番に進化してきた、という仮説を立てました。

簡単にいってしまうと、もっとも古い爬虫類脳は個人が生きるための脳、旧ほ乳類脳は個人の生命維持から一歩進んで、種の保全のために働く脳、そして新ほ乳類脳はもっとも人間らしい脳とも呼ばれる部分で、社会的な関係をスムーズに進めるための脳、いわば共生を志向する脳です。

人間の脳は自分の命を守ることから始まって、他者と共に生きるためという方向で進化してきた、といえるでしょう。

つまり、脳は戦ってだれかを蹴《け》落《お》とすことより、共生をめざすことのほうが高いパフォーマンスを発揮できるのです。

よって、ライバルの成長も祈るのです。

もしライバルが、同じスポーツの対戦相手だったら、相手が最高のパフォーマンスを見せることを願う。そして自分も最高のパフォーマンスで挑むことを考えるのです。

同じ大学や会社をめざしている相手だったら、共闘相手として共に合格することを祈るのです。

同じ人に思いを抱いている場合は、ダイレクトに相手の成功を祈るのは少しむずかしいかもしれませんね。この場合は少し角度を変えて、意中の人、ライバル、自分の3人がいちばんいい方向へいくことを願ってみてください。自分だけのしあわせを願うより、3人のしあわせを願うほうが、脳は力を発揮するはずです。

運のいい人は利他行動をとる

どれだけ他人《ひと》のために生きられるか。自分の利益はひとまず脇に置いておいて、他人の利益になるような行動、いわゆる利他行動をどれだけとれるか。

これによってその人の運のよさは大きく左右される、といえそうです。

というのは、利他行動をとることで、人の脳にはよいことがたくさん起きるのです。

そのひとつは、脳の報酬系が刺激されること。

他人のために何かをすると、「えらいね」「なんてすばらしい人なんだ」などと、ほめられたり、よい評価を受けたりする場合があります。

人の脳は、ほめられたり、他者からよい評価を受けたりすると、現金を受け取ったときと同じような喜びを感じるのです。

これは、愛知県岡崎市にある自然科学研究機構生理学研究所の、定藤規弘教授らのチームの研究によって明らかになりました。

この研究チームは、平均21歳の男女19人を対象に、カードゲームで勝って賞金を得たときと、ほめ言葉を小型表示装置に映して見せたときの、それぞれの脳の血液の変化を特殊な磁気共鳴画像装置（ＭＲＩ）で調べました。

すると、共に、線条体という快感を生み出すのにかかわる脳内の回路（報酬系）の一部が活発になったのです。つまり、脳はほめ言葉を「報酬」として受け取るのです。

報酬系が刺激されるとナチュラルキラー細胞が活発になり、体にもよい影響を与えることが数々の実験や研究で明らかになっています。

ところで、利他行動は常にだれかからほめられたり、よい評価を受けたりするとは限りませんね。人知れず行動する場合も少なくありません。

自分以外のだれかのための行動は、たとえだれにも見られていなくても、自分自身は見ています。

人の脳には、前頭前野内側部という自分の行動を評価する部位があります。この部位が、「よくやった！」「すばらしい！」などと自分の行動を評価すると、たとえ他人からほめられなくても、大きな快感を得られるのです。

また、利他行動で相手が喜んでくれた場合を考えてみましょう。

ボランティア経験のある人に、「ボランティアをやっていちばんよかったと思うときはいつですか？」と質問すると、「相手が喜んでくれたとき」「ありがとう、と言われたとき」という答えが多く返ってきます。

これは先ほど述べた脳内のミラーニューロンの働きによって、相手の喜びを自分の喜びのように感じているから、といえます。

つまり、利他行動をとり、それによって自分がよい評価を受け、さらに相手が喜んでくれたときには、脳は何重もの喜びを一気に感じているのです。

ところで、京都大学の藤井聡教授は、「他人に配慮できる人は運がよい」ということを著作の中で述べられています。

藤井教授は、人が心の奥底で何に焦点を当てているかで人を分類する、という心理学上の研究を行いました。その結果、「配慮範囲が広い人ほど運がいい」という結論を導き出したのです。

ここでいう配慮範囲とは、現在の自分を原点にして人間関係と時間を軸にしたもの。人間関係においては、社会的・心理的距離の近い人と遠い人がいます。たとえば家族や恋人はこの距離がもっとも近い人といえます。続いて、友人⇩会社の同僚や学校のクラスメイト⇩知り合い⇩他人というように、その距離はだんだん遠のいていきます。

配慮範囲の時間とは、思いを馳《は》せる未来の時間のこと。人は今日のことだけでなく、2、3日先、来年など自分の将来に思いを馳せます。また、自分の親や子どもの将来についても考える。さらに社会全体の将来について真剣に考える人もいます。

この人間関係と時間に関して人はどれだけ広く配慮できるか、その範囲によってその人の運が決まってくるのではないか、ということに藤井教授は注目したのです。

自分のことばかり考え、目先の損得にしか関心がない人は、配慮範囲の狭い人です。一方、自分のことばかりでなく、家族や友人、そして他人や社会全体の将来についてまで考えられる人は、配慮範囲が広い人です。

研究の結果、配慮範囲の狭い人はある程度までは効率よく成果を上げられるものの、目先のことにとらわれて協力的な人間関係を築けないため、総合的にみてみると幸福感の得られない損失が多い人生になる、というのです。

逆に、配慮範囲の広い利他的な志向をもつ人は、よい人間関係を持続的に築けるた

め、自分の周囲に盤石なネットワークをつくることができ、それが運のよさにつながるといいます。


自分のことばかりでなく、家族や友人を思いやること。

家族や友人だけでなく、会社の同僚、部下、上司を思いやること。

会社の同僚などだけでなく、近所の人や、よく行くスーパーやコンビニエンスストアの店員さんにも思いを馳せること。

近所の人だけでなく、顔や名前を知らない自分と同じ町に住む人を思うこと。

自分の町や国だけでなく、世界に住む人のことを思うこと。同時に彼らの将来にまで心を配ること。

運をよくするためには、このことが大事なようです。

運のいい人は他人のよさを素直にほめる

運のいい人は、他人をほめるのが上手です。

しかも、ただほめるのではなく、他人のよさを素直にほめるのです。さらに、「すごいな」「素敵だな」などと思ったことを、すぐに本人に伝えます。

たとえば友人の着ている服が素敵だなと思ったら、その場で「今日の服、すごく素敵だね」と言います。友人の考え方がすばらしいなと思ったら「そういう考え方ができるってすごいね」と言うのです。

他人を素直に正しくほめられる人は、他人から好かれるようになります。

アメリカ人のウォリス・シンプソン（1896〜1986年）という女性をご存じでしょうか。

彼女はイギリス国王エドワード8世と「王冠をかけた恋」に落ちた女性として一躍有名になりました。

ウォリス・シンプソンとエドワード8世は結婚を望みますが、彼女に離婚歴があり、ふたりが交際を始めたときにはまだ人妻だったことなどから、イギリス王室をはじめ、首相、そして国民の大多数が結婚には反対。エドワード8世は国王の座をとるか、ウォリス・シンプソンとの結婚をとるかという選択を迫られ、結局、国王を退位してしまうのです。このことは当時「20世紀最大のスキャンダル」ともいわれ、日本の新聞でもトップニュースで報じられました。

ところで、エドワード8世が国王の座を捨ててまで一生を共にしたいと願ったウォリス・シンプソンという女性の魅力は何だったのでしょうか。

一説によると、彼女は並々ならぬほめ上手だったといいます。

これはあくまで私の想像ですが、エドワード8世はウォリス・シンプソンのほめ言葉によって、初めてひとりの人間として認められたと感じたのではないでしょうか。

国王に即位してからはもちろんのこと、国王になる以前から王位継承権第1位という身分で生まれた彼に対し、家族を含め周囲の人は当然、「（将来の）国王」として接したはずです。しかし国王である前に彼もひとりの人間であるはずで、ウォリス・シンプソンはそこをきちんと見ていたのではないか、冠や肩書きなど身にまとっているものではなく、エドワード8世その人自身を愛したのではないか、と思うのです。そしてそこから紡ぎ出されたほめ言葉が彼の心を射止めたのではないでしょうか。

ウォリス・シンプソンの例は少し極端ですが、私たちも自分のことをほめてくれる人を悪くは思いませんね。むしろ好感を抱きます。

ではどうして、人はだれかにほめられると、その人に好感を抱くようになるのでしょうか。

それは、もともと人の脳がだれかにほめられたり、評価されたりするという社会的報酬を好むからなのです。

このことを証明する「独裁者ゲーム」という実験があります。

この実験では、ふたりでひと組になってもらい、ふたりのうちどちらかひとりを独裁者と決めます。そして独裁者に1万円を渡し、「この1万円を相手の方と分け合って持って帰ってください。どのように分けるかはあなたがひとりで決めてください。取り分がいくらになっても、相手には変更を希望する権利も断る権利もありません」と告げるのです。

さて、もしあなたが独裁者だったら、1万円をどのように分けますか。

実験結果では、おおかたの人が「5対5」に近い割合で1万円を分けました。ひとり5000円ずつ、もしくは自分が6000円で相手は4000円、あるいは自分は4000円で相手が6000円というぐあいで、自分ばかりが大いに得をするという分け方をした人はほとんどいませんでした。

おおかたの人は、より多くのお金を受け取ることよりも「あの人はケチではない」

「あの人は善良な人だな」などの評価を得ることを、要は金銭的報酬より社会的報酬を選んだのです。

つまり、他人を素直にほめられる人というのは、その相手に社会的報酬を与えているわけで、当然、その相手から好かれるようになります。

ですから、どんどん他人をほめましょう。心の中で「すばらしい」「すごい」などと思ったことは素直に口に出して伝えましょう。心の中で思っているだけではだめで、直接言葉で伝えることが重要です。

運のいい人は短所には寛容になって長所をほめる

他人をほめるといっても、やみくもにほめたのでは逆効果で、いくつか気をつけなければならないことがあります。

そのひとつは、正しくほめること。

人がほめられてうれしいのは、自分自身でもある程度納得できる点をほめられたときです。たとえば自分ではまったく自分のことを繊細な人間だと思っていない、むしろ大ざっぱすぎるところが欠点と思っているのに、「繊細な人ですね」とほめられてもピンときません。「ちょっと違うな」「当たってないな」などと感じます。

人はだれかにほめられると、脳の報酬系という部分が刺激され「気分がいいな」と感じるのですが、「ちょっと違うな」というところをほめられてもこうはならないのです。

ふたつ目は、表面的な軽いほめ方はしないこと。

たとえば私は東京大学を卒業していますが、それを知るとすぐに「頭がいいんですね」とほめてくれる人がいます。でも実は、そう言われても私はあまりうれしくはありません。むしろ、学歴だけで見られているのかな、きちんと私のことを見てくれているのかな、などと不安に思うのです。

3つ目は、欠点には寛容になってほめること。

児童心理学の実験で、次のようなものがあります。

小学生が何人か集まったグループをふたつつくり、それぞれに「担任の先生」をつけます。ひとつをAグループ、もうひとつをBグループとしましょう。

ふたつのグループには、それぞれ勉強が得意な女の子と勉強が極端に苦手な男の子が含まれています。

Aグループの担任の先生は、勉強が得意なCちゃんを「なんてえらいのでしょう」「すごいね」などと言って思いきりほめます。しかし勉強が極端に苦手なD君には、「どうしてこんな簡単な問題ができないの?」「だめな子ね」などと言って叱ります。

一方、Bグループの担任の先生は、勉強が得意なEちゃんに対してはAグループの先生と同じように「なんてえらいのでしょう」「すごいね」などと言って思いきりほめますが、勉強が苦手なF君に対しても、「算数は苦手かもしれないけれど、虫のことをよく知っているね」「絵も上手だね」などとF君なりのよさを見つけてほめるのです。

この場合、Cちゃんも Eちゃんも同じようにほめられていますが、より喜びを感じているのは Eちゃんのほうです。

Cちゃんは自分がほめられてうれしいと思う一方で、「もし勉強ができなくなったら、私も叱られてしまう。ほかの欠点が見つかったら、もっと叱られてしまう」とドキドキしています。

一方、Eちゃんは「もし勉強ができなくなったとしても、ほかの部分で認めてもらえる。欠点があったとしても、そこを強く責められることはない」と感じています。

人間にはだれしも長所と短所がありますが、同じ長所をほめられる場合でも、同時に短所をどう評価されるかで、そのうれしさの度合いは変わってくるのです。

たとえば、あなたが彼氏や彼女に「頭がいいね」とほめられたとしましょう。しかしあなたには、ちょっとだけ時間にルーズなところがあるとします。彼氏や彼女に「頭はいいけれど、時間にルーズなところは本当によくない、絶対に直すべきだ」と言われた場合と、「頭もよくて時間にもいつも正確だったらこっちが疲れるから、まあ、いいか」と言われた場合、どちらのほうがうれしいでしょうか。もちろん後者ですね。

人の欠点を批判するのは簡単ですが、欠点に寛容になるのには少しエネルギーが必要かもしれません。しかし他人から好かれるためには、ひいては他者と共生していくには重要なことなのです。

運のいい人は不安と上手につきあう

他人をほめる——。

一見簡単なことのように思えますが、実は、他人を素直に正しくほめるには、心に余裕が必要です。心が自分のことだけでいっぱいになっていたら、他人を冷静に見ることはできませんね。他人のよさにも気づきにくくなります。

人の心をいっぱいにしがちなのが「不安」です。

受験はうまくいくだろうか、仕事はうまくいくだろうか、パートナーは自分を裏切らないだろうか、お金は足りるだろうか、ずっと健康でいられるだろうかなど、人は数々の不安を抱えて生きています。

不安を抱え込みすぎていると、他人を正しく素直にほめられないばかりか、自分の不安に気づいてくれない周囲の人間や、不安を何とかしてくれないパートナーなどに不満をぶちまけるなどしてしまいます。

そこで、まずはこの不安を何とかしましょう。

不安を感じたら、心に余裕がなくなっていると思って、次の対処法をためしてみてください。

◉セロトニンの分泌量が増えるような生活習慣にする

セロトニンの分泌を増やすには、早寝早起きの規則正しい生活、適度な運動、リラックスしたお風呂タイムをもつのがコツです。詳しくは、「運のいい人は早寝早起きをする」（85ページ）を参照してください。

◉不安は「生理現象」と割り切る

女性の場合、とくに生理前にはセロトニンの分泌量が減る、といわれています。そんなこともありますから「不安も生理現象のひとつ」として割り切るのも手です。「どうして不安になるのだろう？」「心配でしかたがない」などあれこれと考え、不安を真っ正面からじかに受け止めてしまうのではなく、これはおなかがすいたり、生理前になると腹痛や腰痛が起きたりするのと同じ生理現象なのだ、セロトニンの分泌量が減っているにすぎないのだ、と考えるのです。

そう考えれば、不安がさらに不安を呼び、ますます不安になっていってしまう、という悪循環を避け、自分の状態をコントロールしながら、しんどい時期をうまく乗り切ることができるでしょう。

◉不安のとらえ方を変えてみる

たいていの人は「できれば不安はなくしたい」と考えるかもしれませんが、不安は人が生きていくうえで必要な機能、ともいえます。不安があるからこそ、人は備え、工夫し、努力できる一面があります。

病気になったらどうしよう、そうならないために生活習慣を見直す、会社のリストラ候補になったらどうしよう、そうならないために精いっぱい努力する、将来夫が浮気をするかもしれない、そのときのためにへそくりをためよう、などというように。

セロトニンの分泌量が抑えられているのは、人をあまりに能天気にさせないための脳の働きかもしれません。

こう考えると、不安もまったくの悪者ではありません。

◉不安を箱にしまってしまう

といっても不安の中には、漠然とした不安というものもあります。

こんなときには、不安を感じている自分を客観視するという方法も有効です。不安を感じたら、「ああ、私はいま、不安を感じているな」と自覚してみるのです。

そして不安をひとつのモノとして、自分から切り離して考えてみます。

いま、私は「不安」というモノを抱えているな、いろいろ考えるべきことはあるかもしれないけれど、とりあえずいまはこの「不安」というモノを箱の中にしまって、今日は寝てしまおう、不安になるのは後回しにしよう、などと考える。しっかり眠って翌朝その箱を開けると、不安がなくなっている場合も少なくありません。

運のいい人はだれかを助けたときこそ「ありがとう」を言う

ここまで、運のいい人は他者を蹴落としてひとり勝ちしようとする人でなく、他者と共に生きていこうとする人であることを述べてきました。

運を味方につけるには、日々の生活の中で、他者を思いやり、理解し、助け、利他行動をとるのが大事、ということです。

ところで、自分以外のだれかを助けるときに心がけたいのが、「ありがとう」という気持ちを抱くことです。

「ありがとうと言うのは助けられる側では？」と思うかもしれませんが、感謝の気持ちを抱くべきなのは助ける側なのです。

人間の脳には、前頭前野内側部と呼ばれる部分があり、ここは自分の行動の評価を行っています。

人をだまして自分だけが得をするようなこと、たとえば仲間を蹴落として自分だけが出世したり、あるいは電車の中で目の前にお年寄りが立っているのに気づかないふりをしてしまったりしたら、「悪いことをしたな」と心が痛むのではないでしょうか。

逆に、仲間を思って行動したときや、お年寄りに席を譲ったときなどは「よいことをしたな」とよい気分になります。

このように、自分の行動のよしあしを判断するのが前頭前野内側部です。そしてこの部分が「よい行動だった」と判断すると、脳内の報酬系が刺激されて「ああ、よいことをして気分がいい」「私ってえらいな、すごいな」と思えるのです。だれかを助けたときには、当然「よい行動」と判断され、気分がよくなるでしょう。

また、助けた相手から「ありがとう」「あなたのおかげで助かった」などと感謝されること（社会的報酬を得ること）も少なくありません。

他人のために何かをするには、時間や労力、ときにはお金が必要で、一見、自己犠牲を払っているように思える場合もあります。しかし実際は、他者を助けることで気分がよくなり、ときには社会的報酬さえも得ているのです。

だれかを助けたり、だれかのためを思って行動したりするときに、もうひとつ覚えておきたいのが「互酬性の原理」です。

これは、もともと人間にはお互いに報酬を与え合う、お互いに報いるという性質が

備わっているので、人はだれかから報酬を与えられると「お返しをしたくなる」というもの。

たとえばスーパーの食品売り場では、ときどき試食が行われていますね。店員さんから試食品を受け取って食べてしまうと、たとえそれがあまりおいしくなかったとしても、商品を買わずにその場を立ち去るのは何となく申し訳ない気がしてきます。家族総出で試食したときなどは、どうしても欲しいわけではないのについ買ってしまったりする。

あるいは、友人から旅行のお土産をもらうと、自分が旅行に行ったときにもお土産を買っていかないと悪い気がしてくる。相手は見返りを期待してお土産をくれたのではないとわかっていても、何かの形でお礼をしないと、何となく気分がスッキリしないのです。

このように、人はだれかから何かをしてもらうと、「借り」をつくってしまった気持ちになり、その状態のままでいるのが非常に嫌なのです。

というのは、私たちは無意識のうちに「何かをしてもらったときにお礼を返さない人は嫌われる」という社会的ペナルティがあることを知っているからです。

つまり、だれかを助けるというのは、相手をそういう気持ちにさせることなのです。

もちろん、助けた相手が感謝の気持ちを抱いてくれる場合もあるでしょう。しかし同時に「悪いな」「お礼をしたい」という気持ちも抱えています。

だれかを助ける行為は尊いことですが、相手の気持ちに負担をかけていることも忘れずにいたいものです。「助けてあげる」というより、「助けさせてもらう」という謙虚な気持ちを抱くことが大事、といえそうです。

また、助けた相手からのお礼は快く受け取りましょう。「借り」を相手につくらせたままお礼を返させないと、その相手はずっと、「借り」を抱えた不快な状態でいることになり、しまいにはあなたを重たい存在と感じるようになってしまいます。お礼を受け取ることで、相手の気持ちを軽くしてあげるのも、とても大切なことなのです。

第4章

運のいい人は目標や夢を「自分なりのしあわせのものさし」で決める

運のいい人は具体的な目的をもつ

運というと、非科学的なものというイメージが強いでしょう。しかし実は、科学者の多くが「偶然の幸運」を渇望している、という現実もあります。

しばらく前に、セレンディピティーという言葉がはやりました。

セレンディピティーとは、『広辞苑』には「思わぬものを偶然に発見する能力。幸運を招きよせる力」とあります。もっとかみくだくと、「偶然の幸運をキャッチする能力」といえるでしょう。

科学の世界では、このセレンディピティーによる大発見の事例が数多くあります。

たとえば2000年にノーベル化学賞を受賞した白川英樹博士の電気を通すプラスチックの発見（正式には「導電性ポリマーの発見と開発」）の例。博士の場合、偶然起きたひとつの実験ミスが大発見につながりました。

１９６７年、当時、東京工業大学の助手であった白川博士は、学生に指示を出し、プラスチックのひとつであるポリアセチレンの合成実験を行っていました。合成には触媒を使いますが、あるときの実験で触媒の濃度を間違える、ということが起きたのです。通常の触媒の濃度なら、合成後は黒い粉末状になりますが、このときは「銀色のフィルム状」になりました。博士はこのフィルムを実験の失敗として捨ててしまわずに、なぜ膜になったのかの原因を探り、さらに実験を重ね、これが電気を通すプラスチックの発見へとつながったのです。

また、２００２年に「高分子のソフトレーザー脱離イオン化法」でノーベル化学賞を受賞した島津製作所の田中耕一さんの場合も、実験の失敗が大発見へとつながっています。

田中さんはあるときの実験で、予定していた溶液とは別の溶液を使ってしまいます。田中さんは、溶液を金属超微粉末（きわめて微細な金属の粉末）に混ぜたときにすぐその間違いに気づきました。しかし「間違えたからといって金属超微粉末を捨ててしまうのはもったいない」と考え、実験を続行します。この実験が新たな発見へとつながるのです。

これらは科学の世界におけるセレンディピティーのほんの一例にすぎません。ほかにもセレンディピティーを大いに発揮した科学者は何人もいるし、さらに科学者のみならずあらゆる業界・分野で偶然の幸運を拾い上げている人たちは数多くいるのです。ところで、セレンディピティーを発揮した人たちは、よく「運がいい人」ともいわれます。

だとするなら、彼らの共通項に「運を上げるポイント」があるといえます。

では、その共通項とはどんなものでしょうか。

「もし幸運の神さまがいるとしたら、その神さまが放った幸運の矢をとらえる準備ができていたことだ」と私は考えています。

その準備の中でももっとも重要なのが、明確な目的をもち、常に忘れないこと。セレンディピティーを発揮した人たちは、自分はこれをやりたい、これを達成したいと

いう思いを強くもっているのです。

白川英樹博士は中学生のころから「高分子の研究をしたい、新しいプラスチックをつくりたい」と考えていたそうです。たくさんあるやりたいことのひとつだったそうですが、もしこの思いが博士にまったくなければ、博士のセレンディピティーは発揮されなかったでしょう。

田中耕一さんの場合は、研究グループの「分子量1万の試料のイオン化」という大きな目的がありました。

目的や目標が定まっていれば、それに向かっての具体的な努力ができます。どうすれば目標を達成できるのか、そのための知恵もわく。創意工夫も生まれます。ほかにも好奇心やあきらめない心をもつなど、幸運の矢をつかむために必要な準備は多くありますが、そのすべては具体的な目的、目標があってこそ始まるのです。

逆にいえば、具体的な目的、目標がなければ何も始まらない。そもそも目的や目標がないところに、幸運の神さまは幸運の矢を飛ばしようがないのです。

運のいい人は目的や目標を自分なりの「しあわせのものさし」で測る

目的や目標をもつときにも重要なのが、自分なりの「しあわせのものさし」です。目的や目標も、自分なりの「しあわせのものさし」で測って決めるのが大事なのです。

ところで、そもそも運がいい、悪いというのはどういう状態をいうのでしょうか。たとえば宝くじで大金を当てた人がいるとしましょう。この「宝くじで大金を当てた」という事実だけを切り取れば、たしかにこの人は運がいいといえます。

しかし現実はそう単純ではありません。この人は当籤《とうせん》金以上の莫大《ばくだい》な借金を抱えているかもしれません。あるいはすでに何十億もの資産をもっている人かもしれない。

宝くじで大金が当たったことで、親戚関係が悪くなったり、人生が狂ったりしたという話もよく聞きます。

逆に、この大金を有効に使っていっそうのしあわせを得る人もいます。

つまり、運のよさというのは客観的に定義できるものではないのです。同じような境遇に置かれたときに、それを運がいいとするか、悪いとするかは、究極には自分で決めるしかありません。

では、「自分は運が悪い」と感じてしまう人は、どうしてそうなってしまうのでしょうか。

その大きな理由のひとつが、彼らが自分なりの「しあわせのものさし」で測った目的や目標をもっていないから、と私は考えています。自分なりのしあわせの価値観をベースにした「こうしたい」「ああしたい」という思いをもち合わせていないのです。

そして自分の価値観が明確になっていない人は、他人の意見や一般的な価値観に影響を受けやすくなります。

これはたしか海外での話だったと思いますが、ある夫婦が宝くじで何十億円という大金を当てたそうです。彼らはある企業の工場で働いていたのですが、当籤金で勤務先の会社を買収しました。雇われる身から雇う身への華麗なる転身をめざしたのでしょう。しかし、数年後にはその企業は当籤金以上の借金を抱えて倒産してしまったというのです。

彼らは、雇われる身より雇う身のほうがしあわせという一般的な価値観に惑わされてしまったのかもしれません。「会社を買ってしまえば？」というだれかの意見に影響されたのかもしれない。真意はわかりませんが、もしこの夫婦に、もともと自分たちなりのしあわせの価値観に基づいた目的や目標があったなら、安易に会社を買収するという選択はしなかったでしょう。

容姿などでも同じことがいえます。抜群のスタイルと美貌をもった女性に対して、第三者というのは案外無責任に「モデルになったら？」などと言います。本人が本当にモデルという仕事にやりがいや生きがいを見いだせているのなら、彼女がモデルの道を選ぶことはしあわせにつながるでしょう。しかし単に、他人の意見に影響を受けただけでモデルになったとしたら、彼女にはいずれ自分の職業について、本当にこれでよかったのかと、悩み苦しむ日がやってくるでしょう。

つまり、自分なりの「しあわせのものさし」で測った目的や目標がないと、せっかくのチャンスや努力が無駄になってしまうのです。また、他人の意見や一般的な価値観に影響を受けて、お金や学歴・肩書き、容姿などの「道具」の使い方を間違ってしまう。そして、それが「不運」としかいいようのない状態を招いてしまうのです。

先ほども書いた、田中耕一さんは、受賞当時43歳でしたが、このときの肩書きは「主任」だったそうです。世間一般の見方では、40歳を過ぎての「主任」は出世街道から外れた人です。しかし田中さんは、あえて出世の道を選ばなかったそうです。なぜなら「現場にこだわった」から。「自分の手を動かして実験し、自分の手を動かして装置を組み立て、お客さまに直接会って製品の説明をするという現場が、自分にとっては何より貴重」だと考えていたそうです。もし田中さんに、この田中さんなりの価値観がなかったら、現場にいたからこそ実現したノーベル賞受賞という快挙はなかったかもしれません。

あなたが叶《かな》えたい夢は何ですか。

あなたの生きる目的、目標はどんなものでしょうか。

そしてそれは、自分なりの「しあわせのものさし」で測ったものでしょうか。

幸運の矢をキャッチするには、まずはここを確認することです。

運のいい人はゲームをおりない

ゲームをおりないこと——。

運がいい人はここを徹底しています。

私たちは生きていくうえであらゆるゲームに参戦している、といえます。わかりやすい例でいえば、受験や就職活動という名のゲーム。結婚し、家庭生活を送ることもひとつのゲームといえます。離婚し、家族が解散してしまえば、家族という名のゲームは終わりです。働くことをやめたら、仕事という名のゲームは終了。

このように、私たちはいくつものゲームに同時に参戦していますが、運がいい人というのは、自分が「これぞ」と思っているゲームからはけっして自分からはおりないのです。

「これぞ」というのは、自分なりの「しあわせのものさし」で測った目的や夢に関するゲームのこと。

たとえばファンタジー小説『ハリー・ポッター』シリーズの著者、J・K・ローリング氏は、いまでは世界中の人が知る有名な作家ですが、シリーズの第1弾『ハリー・ポッターと賢者の石』（静山社）を書き上げたときには、無名のひとりの女性にすぎませんでした。

彼女は幼いころから小説を書くのが好きだったそうですが、なかなか小説を集中して書くという環境に身を置けなかったそうです。結婚生活には恵まれず、子どもを抱えて離婚。生活苦になり、うつ病もわずらいます。そんな困難を抱えつつも小説を書くことをあきらめなかった彼女は、うつ病を完治させ、生活保護を受けながら『ハリー・ポッターと賢者の石』を書き上げたのだそうです。

ところが、のちに大ベストセラーとなるこの作品は12社の出版社から出版を断られます。13社目にしてようやく出版が決定。それが世界的大ベストセラーとなり、続編も次々に出版されたのです。その後、彼女は再婚し、いまではイギリス国内でもトップクラスのお金持ちだそうです。

このような夢物語を彼女が現実のものにできたのは、「そもそも彼女に才能があったからだ」ともいえるでしょう。もちろんそうなのですが、どんなに才能があったとしても、もし彼女が「小説家になる」というゲームを途中でおりていたら、彼女の夢は実現していなかったはずです。

つまり、ゲームをおりないことが重要なのです。

とてもシンプルなことですが、運のいい人はみな、ゲームを簡単にはあきらめないのです。

といっても、目的や夢への道のりが失敗続きだとあきらめたくなるのも人間ですね。**ゲームをおりないようにするには、「ゲームは常にランダムウォークモデルのように進む」と考えるのがコツです。**

コインを投げたとき、表が出る確率と裏が出る確率は共に2分の1ですね。それをグラフにすることをイメージしてみましょう。たとえば1万回コインを投げたとき、表が出たらプラス1、裏が出たらマイナス1と進んでいくように点をプロットしていくといった調子です。

さて、いったいこの点はどんな動きをするでしょうか？　大半の人は、ゼロを中心とした狭い範囲を行ったりきたりする、とイメージしがちです。

しかし、これは正しいモデルではありません。マイナス1万からプラス1万までの広い範囲を点は動く可能性があるので、ゼロを中心とした範囲に点がとどまる確率はごくわずかなのです。前にも述べましたが、これがランダムウォークモデルです。

実際にコインを投げてみると、プラス200~300、あるいはマイナス200~300に落ち着く形になる場合が多くなります。

これを現実の目的や夢への道のりと考えてみましょう。マイナス方向は、目的や夢の実現に向けてマイナスの出来事が起きたとき、プラス方向はプラスの出来事が起きたときと考えます。

コインを投げたときと同様に、目的や夢に向かう道のりもマイナスの出来事、あるいはプラスの出来事ばかりが続く場合は少なくありません。

しかし長期的にみれば、必ずマイナスとプラスの出来事が入り込みます。

結果はプラスの出来事がほぼ半分、マイナスの出来事がほぼ半分、となるのです。

運が悪い人というのは、この長期的な視点をもつことができません。なので、マイナスの出来事が続いたときにゲームをおりがちなのです。

たとえば投資やギャンブルで負けが続いたとき、最後に一発逆転を狙って持ち金をすべてつぎ込み、結局破滅してしまう人がいます。これと同じように、自暴自棄になって目的や夢をあきらめてしまうのです。

一方、運がいい人は、マイナスの出来事が続いても簡単にゲームからおりません。負けが続いているときには最小限の損失になるよう努力し、次のチャンスに備えるのです。

運がいい人も悪い人も、長期的にみれば、プラスの出来事とマイナスの出来事はほぼ同じ割合で起きているといえます。しかし運の悪い人はゲームを途中でおりてしまい、運のいい人は最後までゲームをあきらめません。結果、運のいい人はさらなる運を手に入れ、運の悪い人はますます運が悪くなってしまうのです。

つまり、運を手に入れられるかどうかは、その人がもともともっている運のよしあしではなく、「ゲームをおりるか、おりないか」の差にすぎないのだ、ともいえるでしょう。

そこで、目的や夢へ向かう道のりは常にランダムウォークモデルのように進む、と心得ておくのです。マイナスの出来事が立てつづけに起きるかもしれないけれど、いつかは必ずプラス方向に振れるときがくる、と考える。いつかくるプラスのときのためにいま何ができるかを考え、準備しておく。逆にプラスの出来事が続いても気をゆるめずに、夢の実現に向けて邁進《まいしん》する。とにかくゲームをおりずに粘りつづける。これが最後に勝つコツといえます。

運のいい人は脳が飽きっぽいことを知っている

ゲームをおりないことが大事ですが、どんなゲームでも、そのゲームをやめさせようとする敵が現れます。

なかでも最大の敵が「飽き」という名の敵ではないでしょうか。

というのも、人間の脳はもともと、ひとつの刺激に対してすぐ慣れてしまい、飽きてしまうという性質をもっているのです。

よく「継続は力なり」といいますね。重々わかっているけれど、続けられない。

その原因は、脳の飽きっぽさにあるのです。

では、脳を飽きさせないようにするにはどうしたらいいでしょうか。

そのコツは、脳内の報酬系をうまく活用することと、脳に常に新しい刺激を与えつづけることにあります。

これを言語学習を例にして考えてみましょう。

社会人になってから英語などの言語学習で挫折した経験はありませんか。

言語学習は続けることが非常に重要ですが、同時に続けることがいちばん困難ともいえます。

私は32歳のときに初めてフランス語の勉強を始めました。大学での第二外国語はドイツ語でしたので、フランス語はまさに一からの勉強。

フランスのサクレー研究所での勤務が現実になる可能性が出てきて、フランス語習得の必要性に迫られたのです。

フランス語を勉強しはじめてから実際に研究所に勤務するまでには約1年間ありましたが、この1年間で日常生活は何とかこなせる程度のフランス語を身につけることができました。

ではどんな方法で勉強を進めたかというと、まずはフランス語が話せると何ができるか、ということを具体的に考えました。

たとえば、もしフランス語が話せたら、堂々とフランスのカフェにひとりで入って、気に入った飲み物とケーキを楽しめるな、現地の研究者と興味深い研究について論議もできる、ノーベル文学賞受賞時（1994年）の大江健三郎さんのようにフランス語でスピーチができたら格好いいな、などと考えました。そして「絶対、私もやってみせる！」と決めたのです。

語学を勉強する人がやってしまいがちなのが、漠然と「話せるようになりたい」と考えてしまうこと。語学は所詮《しょせん》、コミュニケーションの手段のひとつにすぎません。なので、その手段を使って何をしたいか、どんな状態になっていたいかを具体的に考えるのが重要です。そしてそれを目標に、達成後の自分の姿を頭の中にイメージしつづけるのです。

次に、ではその目標を実現するために、いまやるべきことが何かと考え、まずは発音の勉強から始めました。

発音がわかると、それまで雑音にしか聞こえなかった音が急に意味をおびて聞こえてきました。これはなかなか感動ものです。

次に文法を学ぶために、薄い文法書を一冊マスターすることを目標にしました。最初から厚い参考書に手を出すと、途中で投げ出してしまう可能性が高くなります。たとえ薄くても、文法書を一冊学び終えたほうが達成感がわきます。「やり遂げた」という感動も生まれます。

そして基本がわかってきたところで、フランス人に手紙を書きたいと思うようになりました。フランス語で自分の思いや考えを伝えられるようになりたいと思ったわけです。

そこでフランス人の「メル友」を探し、メール交換を始めたのです。これは生きたフランス語を学ぶとてもよい経験でした。

当時はあまり意識していませんでしたが、この勉強方法は脳の性質に合ったやり方だったと思っています。

というのは、発音、文法、メールのライティングと、段階的に新しい刺激を脳に与えたからです。同じフランス語の勉強ですが、最初は発音、次に文法というように角度を変えていったことで飽きがこなかったのでしょう。

また、発音がわかると言葉の意味がわかり、文法をかじると少し話せるようになるのがおもしろくてしかたがありませんでした。これはそのたびに、私の報酬系が刺激され、やる気のもとであるドーパミンが分泌され、「次もやってみよう！」という気にさせられたのだと思います。

脳はある行動で快感を与えられると、その行動をきちんと覚えていて、再び快感を得ようと同じ行動を繰り返す性質があります。私のフランス語学習は、この脳の性質を利用した方法だったのです。

目標や夢というゲームをおりないようにするにも、同じような方法が有効です。

常に「もっとこんな工夫ができるのではないか」「こんな努力の方法もあるのではないか」などと新しいことを考えてみる。脳が喜びそうな新しい刺激を与える。そしてそれを楽しみながらやるのです。

これが脳を飽きさせない方法であり、目標や夢に近づく方法でもあるのです。

運のいい人はマイナスの出来事も引き受けてみる

マイナスの出来事も引き受けてみる——。

これも運のいい人の共通ポイントです。

どんなに運がいい人でも、これまでの人生の中で悲しいことや苦しいことは一度もなかった、という人はまずいないでしょう。だれの人生にも、失敗や挫折、悲しい別れなど、マイナスの出来事はあるはずです。

では、運のいい人と悪い人の違いはどこにあるのか。

それは、自分にマイナスの出来事が起きたときの対処の方法にある、と私は考えています。

たとえば、ニュートリノをとらえ、ニュートリノ天文学という新しい学問分野を開拓してノーベル物理学賞（2002年）を受賞した小柴昌俊博士は、受賞当時、よく「強運の人」と呼ばれました。

ニュートリノは宇宙にある素粒子で、宇宙の謎《なぞ》を解く鍵になるものだといわれています。

地球にも常に大量に降り注ぎ、私たちの体をすり抜けているものの、非常に検出のむずかしい素粒子です。

小柴博士は、このニュートリノが検出できる巨大な装置「カミオカンデ」を造り（もともと、カミオカンデは陽子崩壊という現象を確認するための装置だったのですが）、1987年2月に初めてニュートリノをとらえることに成功しました。

このニュートリノは、16万年前に大マゼラン雲で超新星爆発が起き、そのときに生まれたもの。16万年の時を経て大量に地球に飛んできたのですが、そのニュートリノをとらえたのが、小柴博士がカミオカンデで観測を開始した直後であったこと、また小柴博士が定年退官を迎える1か月前だったこと、さらに観測データ記録用の磁気テープを交換する時間をうまく逃れてニュートリノがカミオカンデに飛び込んできたことなど、あらゆる幸運が重なったのです。

もちろん小柴博士は運だけでニュートリノを捕まえたわけではありません。長年の周到な準備、地道な努力、新しい発想、行動力などの下地があって、最後に運が味方をしてくれたといえるでしょう。

といっても、この小柴博士も、人生において常に運が味方をしていてくれたわけではなさそうです。

小柴博士は子どものころ、「将来は音楽家か軍人になる」という夢を抱いていたそうです。しかし旧制中学時代に小児麻痺《まひ》にかかってしまいます。その後遺症により、小柴少年は、音楽家になるという夢も、軍人になるという夢もあきらめざるをえませんでした。

ところが、その病床で小柴少年は物理学に出合うのです。当時の、学校の担任の先生が小柴少年に、アインシュタインらが書き記した『物理学はいかに創られたか』（岩波新書）という本を贈ったのだそうです。このことが何十年ものちのノーベル賞受賞へとつながっていくのです。

また、田中耕一さんは、就職活動で第一志望だった家電メーカーを落ちています。また、「人の健康に役立つ仕事がしたい」と考えていた田中さんは、入社が決まった島津製作所では医用機器事業部への配属を希望していました。しかし入社後の配属先は「中央研究所」で、そのことに田中さんは最初、少しがっかりしたといいます。けれど、この中央研究所での研究がのちのノーベル賞受賞へとつながるのです。

このように、一見マイナスに思えた出来事がのちにプラスに転じることは、私たちの身の回りでも少なくありません。

とくに運がいいといわれる人には、過去にマイナスの出来事を経験している人が少なくないように思います。

彼らに共通するのは、自分にマイナスの出来事が起きたときに、けっして自暴自棄にならないこと。もちろん、一時は嘆き悲しんだり、苦しんだり、落ち込んだりもしたでしょう。とことん打ちのめされたかもしれません。でもやけっぱちにはならない。ふてくされたり、何もかも投げ出したりはしないのです。ある意味、マイナスの状況をいったん引き受けているのです。そして「では、どうするか」と切り替えている。

一方、運の悪い人というのは、自分にとってマイナスの出来事が起きたときに、それにあまりにこだわりすぎてしまいます。

「ああ、最悪だ、もうだめだ」などと考えて、自暴自棄になる。すべてを投げ出してしまう傾向があるように思います。

マイナスの出来事とひと言でいっても、その内容は千差万別でしょう。大きな打撃を与えるものもあれば、小さな痛手ですむものもある。しかしそのほとんどは、大局からみれば、そのときどきの揺らぎのようなもの、そのときどきの目先のことである場合も多いのではないでしょうか。

よって、たとえマイナスの出来事が起きたとしても、その結果にあまりこだわりすぎない。マイナスの結果にあらがうのではなく、その状況をいったん受け入れてみる。簡単なことではないかもしれませんが、まずはその努力をしてみる。

そして、ではこのマイナスの状況をどう生かすかと考える。

それができる人が運のいい人といえるように思います。

運のいい人はいつも頭のどこかで夢を意識しておく

ある日、宝くじで3億円が当たったとしましょう。
あなたはこの3億円を何に使いますか？
ちなみに、「とりあえずためておく」という答えはナシです。

さて、あなたはとっさに答えることができたでしょうか。
もしできたとしたら、あなたは運のいい人といえます。

自分の夢が叶うかどうか、幸運の矢をキャッチできるかどうかは、実はここがポイントです。

夢を叶える人、セレンディピティーを発揮できる人というのは、常に頭のどこかで

自分の目標や夢について考えています。目標や夢が叶った状態を、いつも思い描いているのです。

お金では買えない目標や夢は多いと思いますが、目標や夢の実現のためにお金が役立つことは少なくないでしょう。目標や夢について常に考えている人は、思いがけず当たった3億円を、即、目標や夢の実現のために使おう、と考えるはずです。つまり、先ほどの「運のいい人」をもう少し正確にいうなら、「3億円を目標や夢の実現のために使うと答えた人は運のいい人」となるのです。

流れ星にお願いごとをすると願いが叶う、といわれているのも同じですね。これは星が願いを叶えてくれるのではなく、「いつも頭のどこかで目標や夢について考えている状態」が自分を目標や夢の実現へと近づけているのです。

そこで、まずは自分の目標や夢をはっきりとさせましょう。

このとき大事なのは、先ほども述べたように、自分なりの「しあわせのものさし」

で測った目標や夢を設定すること。一般的な価値観や他人の意見を鵜呑《うの》みにした夢や目標になっていないかを確認しましょう。

また、その目標や夢を現実的なものに落とし込むことも大切です。

目標や夢が非現実的なものであると、脳はこのことに反応します。あまりに非現実的なものであると、うまく動機づけできなくなってしまい「やる気」が起こらなくなってしまうのです。

よってあまりに非現実的な目標や夢は、少し現実的なものへとレベルダウンさせましょう。

たとえば「江戸時代に行きたい」という夢は非現実的ですが、「江戸時代と同じような食生活がしたい」「江戸時代の書物に囲まれて暮らしたい」などの願いは現実的です。

また、手段と目的を間違えないようにすることも大事です。

「宝くじが当たりますように」「志望大学に入れますように」「もっと痩せますように」などは、願いごとの王道といえるかもしれませんが、実はこれらは願いごととはいえません。お金や学歴、スタイルは目標や夢を叶えるための手段にすぎないのです。考えるべきはその先です。何のために宝くじを当てたいのか、何のためにその大学に入りたいのか、何のために痩せたいのか。そこをはっきりさせるのです。

目標や夢が明確になったら、それを常に頭のどこかで意識しておきます。といっても、脳は「忘れやすい」性質があるので、忘れないためにも「紙に書いておく」という方法も有効です。

よく、目標や夢は紙に書いておくと実現しやすい、といわれます。手に入れたいものがあったら、その写真や絵を身近なところに貼っておくといい、ともいわれます。

ここにも実は、脳内の神経伝達物質であるドーパミンが関係しています。ドーパミンは、人がしあわせや喜びを感じると分泌されます。

目標や夢を書いた紙や、欲しいモノの写真を眺めるとき、人の脳は自然とその目標や夢が実現したとき、欲しいモノが手に入ったときのことをイメージします。

たとえば新しい洋服が欲しいと思いながらファッション雑誌を眺めているとき、自分好みの洋服が載っているページがあると心が浮き立つ感じがあります。これは、脳がその洋服を手に入れたときのことをイメージして、喜びを感じているのです。

実は脳には、報酬を期待しているときこそ快を感じる、という性質があります。その快感は、報酬が実際に得られたときと同等か、それ以上になります。そしてその快感が人を動かすのです。

紙に書いた目標や夢を見たときも同じで、脳が実現後をイメージすると快を感じてドーパミンが分泌されます。そして「やる気」にかかわるドーパミンは、目標や夢の達成のための行動を促すのです。

目標や夢を紙に書いたら、頻繁にその紙を眺めるようにしましょう。紙を見なくても、自然と目標や夢の実現後をイメージできるような状態になるまで眺めつづけるのです。

これである日突然、宝くじが当たっても安心です。使い道はすでに決まっているのですから……。

第5章

運のいい人は祈る

運のいい人はポジティブな祈りをする

具体的な努力や工夫はひとまず置いておいて、とにかく祈る。

特定の神さまに向けてというわけでなくても、ご先祖さまやお天道さま、道端のお地蔵さまなどにそっと手を合わせる。願いが叶《かな》いますように、運がよくなりますように、と。

こんなときがあってもいいと思います。

祈ることとは、心と体の健康にプラスに働く、ひいては運の向上につながる場合があるからです。

では、どんな祈りが心と体にプラスに働くのでしょうか。

それは、自分のことだけでなく、自分以外のだれかの幸福も願うポジティブな祈り

です。

たとえば「今年こそ、仕事の営業成績が伸びますように」とは、毎年多くのビジネスパーソンが初詣でで祈ることかもしれませんが、これは自分のしあわせだけに焦点を当てた祈りといえます。

この場合なら、自分の営業成績が伸びることで、自分以外のだれかがしあわせにならないか、と考えてみるのです。

営業成績が伸びれば給料が上がって、念願の家族旅行が実現するかもしれません。良質の商品を売るということは、お客さんに便利さや喜びを売っているともいえます。

つまり、自分が叶えたいと思う願いの先に、自分以外の人の幸福がないかを考え、そこに焦点を当てて祈るのです。

「今年こそ仕事の営業成績が伸びますように」という願いなら、「家族旅行を実現させるために営業成績が伸びますように」「たくさんのお客さんに便利さと喜びを届けられますように」などと祈ります。

「素敵な人と巡り合えますように」という願いなら、「両親も喜ぶような、素敵な人と巡り合えますように」、「一戸建てが欲しい」という願いなら、「子どもたちが伸び伸び暮らせるように、一戸建てが欲しい」「両親や友だちがいつでもゆっくり泊まっていけるように、一戸建てが欲しい」などと祈るのです。

先に、「人間の脳には前頭前野内側部と呼ばれる部分があり、ここは自分の行動の評価を行っています」と書きましたが、祈りの内容についても脳はよしあしのジャッジを下しています。

自分のことだけを考えた祈りよりも、自分以外のだれかの幸福も願った祈りのほうが「よい祈りだ！」と脳が判断するのはいうまでもありません。

「だれかを蹴落《けお》としたい」「あの人に負けてほしい」などのネガティブな祈りは、もちろん「悪い祈り」として判断されます。

脳が「よい祈り」と判断すると、ベータエンドルフィンやドーパミン、オキシトシンなどの脳内快感物質（脳内で機能する神経伝達物質のうち、多幸感や快感をもたらす物質を一般的に総称した用語）が脳内に分泌されます。

なかでもベータエンドルフィンは、脳を活性化させる働きがあり、体の免疫力を高めてさまざまな病気を予防します。さらに、ベータエンドルフィンが分泌されると、記憶力が高まり、集中力が増すことも知られています。

また、オキシトシンにも記憶力を高める作用があるといわれています。

ちなみに、脳が「悪い祈り」と判断した場合には、ストレス物質であるコルチゾールという物質が分泌されます。コルチゾールは生体に必須のホルモンですが、脳内で過剰に分泌されると、脳の「記憶」の回路で中心的な役割を担う「海馬」という部位が萎縮してしまうことがわかっています。

このように、「よい祈り」は心と体の健康にプラスに働き、「悪い祈り」はマイナスに働くのです。

といっても、あまり強引に他人のしあわせを考えるのはおすすめできません。

前頭前野内側部は、嘘《うそ》をわりとシビアに見抜くのです。心から思ってはいないことを祈りに付け足しても、脳は「それは偽善でしょう？」と判断し、ポジティブな祈りとはなりません。

そこでけっして無理はせず、自分以外のだれかのしあわせも考えて祈る。それが心と体にプラスに働き、ひいては願いを叶えやすくする、ともいえます。

運のいい人はより多くの人のために祈る

自分ひとりのことだけでなく、より多くの人の幸福を考えて祈ったほうが、願いは叶いやすくなります。

たとえば「もっとお金がたまりますように」と願うとしましょう。

「もっとお金がたまりますように」という祈りは、実際にお金をためるための動機づけになるし、目標にもなるのでけっして無駄ではありません。

しかし、ただ祈るだけではお金はたまりませんね。実際にお金がたまるかどうかは、祈ったあとの行動をどうとるかにかかっています。

自分だけの幸福を考える人と、より多くの人の幸福を視野に入れている人とでは、この行動に違いが出てきます。

もっとも違いが出るのは、苦境に陥ったときです。

たとえば、お金をためたいにもかかわらず、勤めている会社が倒産してしまったとしましょう。小さな会社のため、社員全員が辞めなければならない状況です。こんなとき、自分のためだけにお金をためることを考えている人は、目標をあきらめやすくなります。「会社が倒産したのではお金なんてたまるわけがない」と考えたり、「あらためて考えてみれば、自分ひとりが何とか食べていければいいのだから、そんなにお金をためる必要はない」などと、目標を放棄してしまうのです。

しかし、家族のため、仲間のため、従業員のためなど、より多くの人のためにお金をためることを考えている人は、そう簡単にはあきらめられません。家族のために、仲間のために、従業員のために何とかならないかと必死に考え、工夫する。努力もします。

現在のパナソニックの創業者である松下幸之助氏は、著書『決断の経営』の中で「取引先に無理な商談をもちかけるときに、汗まみれの従業員の顔が浮かんだ」ということを書いています。

会社経営では、ときに取引先に頼みにくいことを頼まなければならない場合があります。短期間では相手の得にはなりそうもない、しかしこれをお願いしなければ自社が立ち行かない。そんな無理なお願いをするとき、松下氏のまぶたの裏には従業員の顔が浮かんだそうです。自分ひとりのためだったら、こちらの要求はとっとと引き下げて帰ってしまうだろう。しかし自分の後ろには何百人も従業員がいる。いま自分があきらめてしまったら、一生懸命働いてくれる彼らの努力が無駄になる。だからここで引き下がるわけにはいかない。俺は自分のためにお金を稼いでいるわけではなく、従業員のために稼いでいるのだ――。

こう考えた、というのです。

自分ひとりのためだけより、一緒に食べてくれるだれかがいたほうが、ご飯をつくる気がしてきます。

痩せたことを一緒に喜んでくれる人がいたほうが、ダイエットを続けることができるでしょう。

自分のためだけに何かをしても脳の中ではそれほど大きな変化は起きません。しかし自分以外のだれかのための行動をしたときには、脳が「よい行動をしているな」と判断し、脳内に快感物質が出ます。つまり、私たちは自分のためだけより、だれかのための行動のほうが気持ちよく動けるのです。そのだれかが多ければ多いほど、脳の快感物質は多く分泌されるでしょう。

人は自分のためだけより、自分以外のだれかのためのほうががんばれるのです。

よって、何かを祈るときにはより多くの人のためを思ってみる。それが願いを叶えやすくするコツでもあります。

運のいい人は敵のしあわせを祈る

自分ひとりのためだけでなく、自分以外のだれかを思って祈る。できればより多くの人の幸福を願って祈る。

これができたら、次は「敵のしあわせを祈る」ことに挑戦してほしいと思います。

あなたには、ちょっと苦手だな、嫌いだな、と思う人はいませんか。

「そういう人のことは一切考えない」と決めてしまうのもひとつの方法ですが、苦手な人、嫌いな人というのは、案外頻繁に思い出してしまうものです。

苦手な人や嫌いな人のことを考えているときには、脳にストレス物質であるコルチゾールが分泌されます。先にも書きましたが、コルチゾールは生体に必須のホルモンで、分泌量が増えすぎると血圧や血糖値を上昇させたり、免疫機能を低下させたり、記憶や精神面にも影響を与えたりするなど、体によくない働きをするのです。

しかし、一転、苦手な人や嫌いな人のしあわせを祈ることができたら、脳内には快感物質が分泌され、心と体によい影響を与えるのです。

といっても、そう簡単に気持ちの切り替えはできないかもしれません。

私にもなぜか嫌な人のことばかり考えてしまうときがあります。そんなとき、私がヒントにしているのはお釈迦《しゃか》さまのダイバダッタに対する考え方です。

ダイバダッタは、お釈迦さまの従兄弟《いとこ》にあたる人。優秀な人だったらしいのですが、お釈迦さまへの嫉妬《しっと》心が強く、何度もお釈迦さまを殺そうとしたそうです。さらにダイバダッタは、お釈迦さまの弟子５００人を引き連れて教団を離れ、自分の教団をつくってしまいます。

お釈迦さまにとってはまさに「敵」といえる存在だったでしょう。

しかしお釈迦さまは「ダイバダッタは私の過去世の先生だった。未来世では、天王如来という仏さまになる」と宣言していることが、法華経《ほけきよう》に記されています。

また、チベットの自由と民主化のための運動を行っているダライ・ラマ法王（ダライ・ラマ十四世）は、チベットの人々と共に中国から厳しい弾圧を受けていますが、「中国人そのものに対する憎悪の念を抱くことはけっしてない」「敵は私たちの師であり、先生だといえます。敵はとてもありがたい存在なのです。人生の苦しい時期は、有益な経験を得て内面を強くする最高の機会です」（『奇跡を呼ぶ１００万回の祈り』村上和雄／ソフトバンククリエイティブ）などと述べています。

お釈迦さまやダライ・ラマ法王の境地に達するのはむずかしくても、その考えに近づくことはできます。

冷静に考えてみると、自分が苦手な人、嫌いな人というのは、反面教師になる場合も少なくありません。

自分の中に、苦手な人、嫌いな人と同じ要素を見つける場合もあります。しかしそれは自分を正すチャンスとなる。まさに「先生」となるのです。

こう考えると、苦手な人、嫌いな人に対する見方や考え方が少し変わってはきませんか。

もちろん、いきなり、無理やり嫌いな人のしあわせを祈る必要はありません。無理に祈っても、脳は「それは嘘でしょう?」と見抜きます。

しかし、少しずつ苦手な人、嫌いな人への見方を変える努力をしてみる。そうすることで、脳の中もよい方向へ変わっていくはずです。

運のいい人は病んでいる人のために祈る

家族や友人など親しい人が病に倒れたとき、私たちは自然と「病気がよくなりますように」と祈ります。

まさに、自分以外のだれかのしあわせを願った祈りですが、私はこの祈りの効果をある程度信じています。

「プラセボ（プラシーボ）」と呼ばれる現象をご存じでしょうか。

「プラセボ」は、日本語で偽薬と訳されます。新薬を開発し、その効果を判定する際に用いられるのがプラセボです。

プラセボは、見た目は本物の薬とまったく同じですが、中身は砂糖を固めただけの錠剤などで薬効成分はまったく入っていません。

新薬の効果を確かめる実験では、新薬を与える被験者のグループとプラセボを与える被験者のグループをつくります。プラセボを与えるグループには、それがプラセボだとは知らせず、本物の薬としてその効能を説明して渡します。

この実験を行うと、プラセボを与えられたグループの3割程度に本来は出るはずのない薬の効果が現れるのです。約3人に1人が、「この薬は効く」と信じて飲むことで、本当に効果が出てしまうのです。

また、精神科医のリー・パークとリノ・コヴィが行った実験では、医師が患者に

「これはただの砂糖の錠剤だけれど、あなたと同じような症状の人が3週間飲むと症状が改善される効果があります」と言って薬を渡しました。

するとこの実験でも3割程度の人に、本来出るはずのない効果が出たのです。本人がプラセボだと知っていても、医者の言葉を信じることで効果が現れたのです。

また、ノーシーボ効果というものもあります。これは医学的には無害でも有害だと信じると病気になったり死んでしまったりすることをいいます。たとえば、患者に薬を与えるときに「こんな副作用が起きる可能性があります」と伝えて渡すと、それがプラセボだとしても本当に副作用が起きてしまう場合があるのです。

あるいは、特定の薬を継続して飲んでいる患者がその効果を強く信じているとしましょう。患者が「医者がその薬の投与をやめた」と思い込んだ場合、実際には薬の投与は続いていてもその効果がなくなってしまうことがあるのです。

このように、人というのは思い込みだけで、体にさまざまな変化が起きる。その変化は生死にまで及ぶこともあります。

この変化の割合は、その人の信じる力が強ければ強いほど高くなるでしょう。

そしてこの信じる力をさらに高めるのが「他者からの祈り」だと思うのです。

たとえば病に倒れている人がいるとしましょう。

本人は「もう長くは生きられないかもしれない」と思う一方で、「でもやっぱり生きたい」「生きられるかもしれない」とかすかな希望も抱いています。

その人を見て、家族は「生きてほしい」と必死に祈ります。その人は、家族が必死に祈る姿を見て、私はこの家族のために何としてでも生きなければならないと思いはじめます。私には生きる意味があるのだと気づく。その気づきが、本当に生きる力となる場合があります。

ミラーニューロンの働きによって祈っている人の前向きな心が、病気の人にうつる、という場合もあるでしょう。

生きる意味を見いだした人は、脳の報酬系が刺激され、ナチュラルキラー細胞などの免疫細胞が活性化することで病が治る、という場合もあります。

心からの祈りによって、相手の体に変化が起きるのです。

もちろん、「祈り」だけですべての病気を１００％治せるなどとはとてもいえません。しかし、祈りにはときとして病を治す助けとなる働きがある。これは信じる価値のある事実です。

エピローグ――運のいい人は自分の脳を「運のいい脳」に変える

運をよくするために、まずは脳を「運のいい脳」に変えてしまう、というのもよい方法だと思います。

ここまで、運がいい人の共通の考え方や行動パターン、また運をよくするための振る舞いなどについて書いてきました。**結局、運というのは、その人がもともともっているものではなく、生まれつき決まっているものでもなく、その人の考え方と行動パターンによって変わる、といえます。**

だとするなら、その人の考え方や行動パターンを決める脳そのものを「運のいい脳」にしてしまえばよいのです。

以前は、人間の脳は「成人になったら脳細胞は増えず、減る一方」と考えられていました。人の脳は、それぞれの人がもつ遺伝子によって設計図のようなものが決められていて、成人になると、脳はその設計図どおりに固定されてしまう、とされていたのです。

しかし、1998年、スウェーデンのエリクソンとアメリカのゲージにより、大人の脳の中でもシナプス（神経細胞間の接合部）が新しく生まれていることが発見されました。彼らは、入院している患者さんの協力を得て、その死後に脳を調べたところ、海馬の歯状回で神経新生が起こっていることがわかったのです。

また、人が新しい経験をし、脳が新しい刺激を受けることで、脳の中はどんどん変化することもわかっています。これを脳の可塑性と呼びます。

つまり、私たちは何歳になっても脳を育てていけるのです。

ではどうしたら脳を変化させることができるのか。「運のいい脳」にすることができるのか。

その方法のひとつが「祈り」です。

よい祈りが、脳にプラスの影響を与えることはすでに述べました。

たしかにたった一度の祈りでも、それが心からのよい祈りであれば、脳内にはよい変化が起きるでしょう。しかし、毎日の行動や考え方に影響を及ぼすほどの脳の変化を期待するなら、たった一度の祈りでは効き目はありません。

人間の細胞が入れ替わるには、約3か月かかるとされています。

骨などの硬い組織の場合はもっとかかるとされていますが、皮膚や筋肉などは3か月ほどです。脳のほとんどは脂肪でできているので、脳の細胞も3か月ほどで入れ替わるといえるでしょう。

そこで「祈り」を習慣化させるのです。

習慣化した祈りによって、脳を変化させていくのです。

私がおすすめしたいのは、朝と晩の一日2回、お祈りをする方法です。

一日のはじめと終わりに、自分を見つめて整える時間をもつことで、その一日を自分の脳を成長させるため、最大に価値あるものにしていくことができるのです。

早寝して十分睡眠をとったあとでの早起きならなおさらいいでしょう。朝日を浴びながら祈れば、気持ちを落ち着かせるホルモンであるセロトニンの分泌が促されます。**朝は夜より前向きな気持ちになりやすいので、未来に目を向けた「将来なりたい自分」「成し遂げたい目標」などについて集中して祈ります。**

ちなみに、最近の研究で、人間が未来をいきいきと思い描くときに海馬の活動が活発になるということがわかっています。海馬は、「記憶」の回路で中心的な役割を果たす部位です（ということは、試験の日の朝のお祈りも効果的といえそうですね）。

そして夜は、その日一日を振り返り反省します。「将来なりたい自分」のために、「成し遂げたい目標」のために、今日は何ができたか、と考えるのです。そしてできなかったことを反省し、明日できることを考える。

目標や夢を叶《かな》えるためには、いつも頭の中で意識しておく必要がありますが、このためにも毎日の祈りの習慣は役立つでしょう。

ところで、脳には「ルーティン化（パターン化・単調化）志向」という性質があります。これは脳ができるだけ「考えなくてもできること」を増やそうとする性質です。「祈り」という行為も、この性質に影響を受けやすい。つまり、意識していないと惰性で祈りやすくなってしまうのです。惰性で祈っても、脳にはよい影響を与えません。

そこで、毎日しっかり意識して祈ることが大切です。

そのために、祈る姿勢、時間、場所を決めておくといいでしょう。「朝の祈りは、起きてすぐに朝日を浴びながら」「夜の祈りは、寝る前に、正座して気持ちを整えながら」などと決めておくのです。

そして、毎日、毎朝、毎晩、心からのよい祈りを捧《ささ》げる。これを続けていけば、脳はよい変化を遂げ「運のいい脳」になっていきます。

さて、これまでさまざまな運のよくなる方法を書いてきましたが、いかがだったでしょうか？　「運のよくなる方法」は意外とだれでもできることではなかったでしょうか？　この本を通して、少しでもみなさんが、幸福をつかみ、幸福な人生を歩んでいかれることを、心から祈念しています。

【参考文献】

『ロスチャイルド家の上流マナーブック』（ナディーヌ・ロスチャイルド／伊藤緋紗子訳／光文社）
『なぜ女は出産すると賢くなるのか』（キャサリン・エリソン／西田美緒子訳／ソフトバンククリエイティブ）
『物理学はいかに創られたか（上）（下）』（アインシュタイン、インフェルト／石原純訳／岩波書店）
『生涯最高の失敗』（田中耕一／朝日新聞社）
『なぜ正直者は得をするのか』（藤井聡／幻冬舎）
『決断の経営』（松下幸之助／ＰＨＰ研究所）
『奇跡を呼ぶ１００万回の祈り』（村上和雄／ソフトバンククリエイティブ）

本書は小社で単行本（2013年2月）、および文庫本（2019年5月）で刊行された『科学がつきとめた「運のいい人」』を加筆、再編集したものです。

著者紹介

中野信子（なかの・のぶこ）

東京都生まれ。脳科学者、医学博士。東日本国際大学特任教授、森美術館理事。2008年東京大学大学院医学系研究科脳神経医学専攻博士課程修了。脳や心理学をテーマに研究や執筆の活動を精力的に行う。著書に『エレガントな毒の吐き方　脳科学と京都人に学ぶ「言いにくいことを賢く伝える」技術』(日経BP)、『脳の闇』(新潮新書)、『サイコパス』（文春新書)、『世界の「頭のいい人」がやっていることを1冊にまとめてみた』(アスコム)、『毒親』(ポプラ新書)、『フェイク』(小学館新書）など。

新版　科学がつきとめた「運のいい人」

2023年9月10日　初版発行
2024年3月30日　第20刷発行

著　者　中野信子
発行人　黒川精一
発行所　株式会社サンマーク出版
〒169-0074　東京都新宿区北新宿2-21-1
電話　03-5348-7800（代表）
印　刷　株式会社暁印刷
製　本　株式会社若林製本工場

ISBN978-4-7631-4080-7 C0030
ホームページ　https://www.sunmark.co.jp